波蘭
深 度 之 旅

華沙・克拉科夫・格但斯克・
托倫・波茲南

作者 | 小仙仔

U0010704

Polska

世界主題之旅
121

波蘭全圖

波羅的海

Łotwa
拉脫維亞

Litwa
立陶宛

Dania
丹麥

Morze Bałtyckie

Gdynia
格丁尼亞

Sopot
索波特

Gdańsk
格但斯克

Niemcy
德國

Malbork
馬爾堡

Toruń
托倫

Białoruś
白俄羅斯

Rzeczpospolita Polska

波蘭共和國

Poznań
波茲南

Warszawa
華沙

Łódź
羅茲

Lublin
盧布林

Wrocław
弗羅茨瓦夫

Zamość
扎莫希奇

Tarnów
塔爾努夫

Oświęcim
奧斯威辛

Kalwaria Zebrzydowska
卡瓦利亞澤布日多夫斯卡

Kraków
克拉科夫

Ukraina
烏克蘭

Czechy
捷克

Zakopane
札科帕內

Słowacja
斯洛伐克

Austria
奧地利

Węgry
匈牙利

Rumunia
羅馬尼亞

CONTENTS

06 作者序&關於作者

08 推薦序

09 來自編輯室

10 如何使用本書

12 波蘭初體驗

14 地理位置與歷史背景
波蘭速覽／波蘭的地理位置
／歷史上的波蘭／關於波蘭
10個快問快答

22 四季波蘭
波蘭的氣候／四季穿搭祕訣
／重要國定假日與節慶

25 15大世界遺產

33 波蘭名人談

36 必嘗美食
波蘭道地好料理／
吃在波蘭 開心享受

42 波蘭之旅輕鬆Go

44 波蘭超好購

46 波蘭瘋購物

47 藥妝店全攻略
女生限定！波蘭藥妝店四美／一定要買
的本土保養品／作者大推的波蘭保養品
／保養品單字表

54 波蘭特產熱搜

57 璀璨琥珀選購停看聽
各式各樣的美麗琥珀／選購琥珀小撇步

60 華沙

63 城市漫遊
浴火重生的現代城市／華沙精選經典路
線／如何到華沙／華沙市區交通

70 市中心

78 舊城區

84 新城區

92 波蘭的凡爾賽宮：維拉諾夫宮

94 華沙美食樂

99 華沙住宿趣

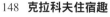

102 克拉科夫

104 **城市漫遊**
歐洲最美的風情城市／克拉科夫精選經典路線／如何到克拉科夫／克拉科夫市區交通

109 **舊城區**

118 **瓦維爾**

122 **超過700年的地下鹽礦世界：維利奇卡鹽礦**

127 **歐洲最大的猶太區：卡茲米爾**

132 **不可抹滅的歷史傷痕：Podgórze**

136 **惡名昭彰的納粹德國殺人工廠：奧斯威辛集中營**

145 **克拉科夫美食樂**

148 **克拉科夫住宿趣**

150 格但斯克

152 **城市漫遊**
波蘭最知名臨波羅的海的城市／格但斯克精選經典路線／格但斯克交通資訊

157 **舊城區**

162 **格但斯克最美麗的廣場：長市集街**

172 **歐洲最美麗的濱海長廊：索波特**

174 **波蘭最大商用港口：格丁尼亞**

176 **曾為條頓騎士團的首都：馬爾堡**

178 **格但斯克美食樂**

179 **格但斯克住宿趣**

212 暢遊波蘭小錦囊
213 簽證辦理
213 認識華沙蕭邦國際機場
214 波蘭境內交通
215 波蘭市區交通
216 實用APP
216 緊急救助
217 生活資訊
218 撥打電話與買SIM卡
218 波蘭貨幣與換匯
219 購物與退稅

本書地圖
02 波蘭全圖
25 15大世界遺產
62 華沙
79 華沙新城區與舊城區
92 維拉諾夫
104 克拉科夫廣域圖
110 克拉科夫
118 瓦維爾
128 卡茲米爾猶太區
133 Podgórze
136 奧斯威辛博物館
152 三聯市
156 格但斯克
172 三聯市與馬爾堡周邊
182 托倫
198 波茲南

180 托倫

183 城市漫遊
哥白尼的故鄉，美麗的中世紀古城／托倫精選經典路線／托倫交通資訊

187 舊城區
194 托倫美食樂
195 托倫住宿趣

196 波茲南

199 城市漫遊
波蘭建國之都 貿易、工業、教育重鎮／波茲南精選經典路線／波茲南交通資訊

203 舊城區
210 波茲南美食樂
211 波茲南住宿趣

我與波蘭的緣分可以說是由諾貝爾和平獎得主——埃利‧維瑟爾(Elie Wiesel)牽起的，埃利‧維瑟爾正是《夜》的作者，書中描述他與家人在納粹集中營的遭遇，對後世的影響力與《安妮日記》、《如果這是一個人》齊名。

或許從這樣的歷史角度與波蘭的邂逅不是太浪漫，甚至有點沉重，特別是20世紀的兩場戰爭，對波蘭影響非常深遠，也因此，常讓旅人用陰鬱的角度看待波蘭這個國家。

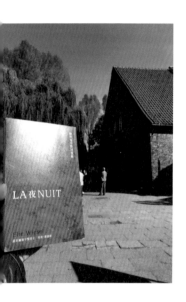

但是當我真正踏上波蘭這塊土地後，發現她早已從浴火中重生，蛻變成中歐最耀眼的一顆星。現在的波蘭是一個充滿活力、不斷進步、色彩斑斕的美麗國度，有現代化的城市、有美麗的平原景色、有高山的瑰麗風光、有濱海臨河的浪漫水都；當然，整個波蘭也因為建構在過去留下來的歷史軌跡中，保留了許多中世紀宏偉的文藝復興建築與古蹟。

更讓我敬佩的是波蘭面對歷史的態度，不論是令華沙慘遭戰火摧殘的華沙起義，或波蘭境內傷痕最深的納粹集中營，波蘭人選擇放下歷史但不忘歷史，並勇敢面對歷史，實屬難得。

把旅遊當成人生必需品的金融界女子，只要一季沒出國一次就會渾身不對勁，曾擔任超過10年的報社記者，遊歷超過30個國家，去過香港、中國大陸、澳門、韓國、新加坡、馬來西亞、越南、泰國、澳洲，近幾年再將足跡拓展至歐美的波蘭、英國‧義大利、法國、美國，開啟旅遊新體驗。即使後來轉換跑道至相對嚴肅的金融產業，並未抹去自己當記者時的好奇心，甚至一直鍾

正因為波蘭帶給我太多的驚喜，但同時卻發現台灣人對波蘭這塊美麗的土地認識並不多，特別是近年國人開始瘋中東歐旅行，卻獨漏波蘭，我想這絕對是旅行的一大損失。因此希望藉著這本書，替更多人開啟波蘭這個夢幻國度之門，相信波蘭的美麗與驚豔，在親自體驗之後絕對會令人深深著迷。

　　我也要感謝太雅出版社給我這個機會，讓我能重拾寫作的興趣；以及駐波蘭臺北代表處、波蘭臺北辦事處在過程中給予我重要的協助。

　　這本書能從無到有，過程中要感謝的人太多了。首先是介紹我、讓我有信心能完成一本書的好友奧登，還有遠在波蘭的友人Colin，給了我許多寶貴的意見與看法。另外，在我寫作過程不斷替我打氣加油的Wonderwhy、凱誼、Iris、小武老，以及給我支持的厲害、Quenna、萬董、阿鋸、金羊、Casper……好朋友們，如果沒有你們在旁邊替我搖旗吶喊，實在很難相信自己能完成這項任務！

　　最後，謝謝親愛的爸媽與弟弟對我的信心，弟弟還陪著我跑了兩趟波蘭，提供了很多這本書的想法；還有最親愛的炭烤時拿青椒和洋蔥的男子，你總是給予我最大的支持與幫助，沒有你們，這本波蘭旅遊書的夢想肯定無法如此順利成真。

情執筆寫作、揹著單眼拍照的美好。
　　和波蘭的緣起，從諾貝爾和平獎得主──埃利 維瑟爾的《夜》這本書牽起；踏上波蘭之旅後，驚豔於波蘭從動盪歷史中蛻變後的風采，也因著國人瘋中東歐旅行，卻獨漏波蘭的遺憾，決心把對於波蘭的迷戀化為一本實體書，希望透過自己的觀察與體驗，讓更多人認識這個無限大的美好國度。

首先必須承認，在閱讀本書之前，或許就跟大多數人一樣，對於歐洲旅遊的印象，僅停留在英、法等熱門大國，但其實這幾年，隨著旅行風氣日盛，加上航線陸續開通，中歐及東歐因為景點豐富、物美價廉，儼然成為歐洲觀光的閃耀新星。

本書的主角——波蘭，是個既熟悉又陌生的國度，之所以說熟悉，是因為好萊塢大導演史蒂芬·史匹柏當年那部膾炙人口的經典鉅作《辛德勒的名單》(Schindler's List)，其故事發生地就在波蘭的克拉科夫。透過宛如紀錄片的黑白運鏡，彷彿能遙想二戰納粹德國的暗黑歷史，以及戰火無情下的照見人性。

不過，也正是因為辛片的戲劇記憶過於鮮明，使人對於波蘭的理解既片面又瑣碎，目光總聚焦在惡名昭彰的納粹集中營。此外，幾乎對她一無所悉，這是所謂的陌生。

透過這本書，終於有機會一窺除了那段沉重的屠殺悲劇以外，波蘭其精彩多元的人文風土樣貌。曾接受嚴謹文字訓練的作者，用其女性視角的柔美筆觸，帶領讀者深入淺出，再搭配詳盡實用的旅遊資訊，讓人重新認識這個充滿文化底蘊的神祕波蘭。

原來這個在近代史上命運乖舛的國家，曾是中世紀最繁榮與重要的王朝，也因此她擁有全球最大的地下鹽礦維利奇卡、歐洲最大的中世紀廣場克拉科夫中央集市，甚至是名列世界遺產的中古世紀城鎮托倫等。

一位西方哲人曾說：「如果世界是一本書，那些不旅行的人只讀了一頁」。旅行不僅僅是暫時逃離那些惱人的日常，而是透過親身的「出走」異地，期待遇見截然不同的人生視角。

我們一次又一次的揹上行囊出發，沿途見聞或可轉化為養分，進而成為一輩子的生活態度。或許，這就是旅行的意義吧。

黃奧登：粉絲團《老澳客愛碎念》版主、《澳洲度假打工》作者

編輯室提醒

出發前，請記得利用書上提供的Data再一次確認

　　每一個城市都是有生命的，會隨著時間不斷成長，「改變」於是成為不可避免的常態，雖然本書的作者與編輯已經盡力，讓書中呈現最新最完整的資訊，但是，我們仍要提醒本書的讀者，必要的時候，請多利用書中的電話，再次確認相關訊息。

資訊不代表對服務品質的背書

　　本書作者所提供的飯店、餐廳、商店等等資訊，是作者個人經歷或採訪獲得的資訊，本書作者盡力介紹有特色與價值的旅遊資訊，但是過去有讀者因為店家或機構服務 態度不佳，而產生對作者的誤解。敝社中明，「服務」是一種「人為」，作者無法為所有服務生或任何機構的職員背書他們的品行，甚或是費用與服務內容也會隨時間調動，所以，因時因地因人，可能會與作者的體會不同，這也是旅行的特質。

新版與舊版

　　太雅旅遊書中銷售穩定的書籍，會不斷再版，並利用再版時做修訂工作。通常修訂時，還會新增餐廳、店家，重新製作專題，所以舊版的經典之作，可能會縮小版面，或是僅以情報簡短附錄。不論我們作何改變，一定考量讀者的利益。

票價震盪現象

　　越受歡迎的觀光城市，參觀門票和交通票券的價格，越容易調漲，但是調幅不大(例如倫敦)，若出現跟書中的價格有微小差距，請以平常心接受。

謝謝眾多讀者的來信

　　過去太雅旅遊書，透過非常多讀者的來信，得知更多的資訊，甚至幫忙修訂，非常感謝你們幫忙的熱心與愛 好旅遊的熱情。歡迎讀者將你所知道的變動後訊息，善用我們提供的「線上回函」或是直接寫信來taiya@morningstar.com.tw，讓華文旅遊者在世界成為彼此的幫助。

太雅旅行作家俱樂部

如何使用本書
How to use

本書內容共分八大篇章，深度探索波蘭風光。〈波蘭初體驗〉從歷史地理、氣候節慶、名人、世界遺產、美食等向度，讓讀者以綜觀的廣度認識波蘭的過去與現在；〈波蘭超好購〉是作者小仙仔精心策畫的單元，無論是當地特產的介紹或是女性最愛的美妝品採買，皆有獨到的分享；接著是〈華沙〉、〈克拉科夫〉、〈格但斯克〉、〈托倫〉、〈波茲南〉五大城市的詳盡介紹及景點推薦；〈暢遊波蘭小錦囊〉針對出發前該了解的行前準備及實用資訊皆有完整的整理。

多元主題

在本書的〈波蘭初體驗〉及〈波蘭超好購〉中企劃多種主題，像是波蘭名人、道地料理、15大世界遺產、在地特產、藥妝店與美妝產品推薦，皆有精采的內容介紹，讀完這兩個篇章絕對讓你對波蘭驚豔不已！

經典路線

五大城市皆有城市漫遊的概述說明、旅遊重點介紹，更以搭乘大眾交通工具或徒步即可到達的路線規畫，作為城市巡禮的推薦，非常適合第一次來到波蘭或自助行的讀者。

資訊小專欄

內容介紹會穿插不同的小專欄，包括Extra小百科、暢遊Tips、好玩Plus，有的是作者旅遊至此的實用小提醒，有的是作者針對此景點額外補充的知識，都是讀者可延伸閱讀及實際旅遊時多加應用的資訊。

交通資訊

每個城市皆有屬於自己的交通資訊頁面介紹，讓讀者可了解從其他城市到此地的方法，以及在城市內的交通方式，甚至對於交通卡的購買亦有完整的使用步驟說明。

熱門景點

每個景點皆輔以文字及圖片深入淺出的介紹，並附有非常豐富的資訊，除了有基本的地址、電話外，還有營業時間、票價、網址、交通指引、價格、注意事項及地圖位置等說明。

食宿推薦

每個城市皆有餐廳與飯店的介紹，除了會於餐廳標題上標註區域，如舊城區、市中心等，便於讀者作行程規畫參考；在基本資料中特別會標示出主餐及房間的費用，以及消費類型($很便宜、$$平價實惠、$$$價位較高、$$$$高價消費、$$$$$頂級高價)。

特寫鏡頭

維拉諾夫宮、維利奇卡鹽礦、奧斯威辛集中營、馬爾堡、長市街集等等，本書共有10個特寫專題報導。作者以值得深入介紹的角度切入及闡述，讓讀者不僅到此一遊，更能從中了解歷史、典故、延伸性話題。

地圖圖例

地標		捷運站	
景點		巴士站	
住宿		火車站	
餐廳		船站	

本書icon說明

地址	交通	營業時間	電話	停留時間
價格/費用	http 網址	注意事項	MAP 地圖	@ E-mail

波蘭初體驗

波蘭的美是一言難盡的。四季景象變化萬千，蘊含自然與人文的豐富景觀，還有讓人流連忘返的美食文化，這個曾經在世界地圖中消失過兩次的國家，有著哀愁的歷史，卻也同時承載著迷人的色彩。

地理位置與歷史背景	**P.14**
關於波蘭10個快問快答	**P.18**
四季波蘭	**P.22**
15大世界遺產	**P.25**
波蘭名人談	**P.33**
必嘗美食	**P.36**
波蘭之旅輕鬆Go	**P.42**

圖片提供／波蘭旅遊局

地理位置與歷史背景

波蘭速覽

中歐最大的國家波蘭，是中歐浴火重生的閃耀之星。因為波蘭的地理位置剛好處於連結東西歐的中介點，這樣的特殊地理條件，讓波蘭曾經貴為中世紀最繁榮與重要的王朝。但也因為缺乏自然屏障的保護，在近代頻遭列強環伺，並侵略波蘭領土導致兩次滅國；二次大戰時期，波蘭更是傷亡最慘重的戰場，除了克拉科夫等少數城市幸運逃過一劫，其他主要都市幾乎都遭戰火蹂躪得面目

1.波茲南市政廳／2.華沙舊城區的皇家城堡／3.可愛精巧的木雕製品，是波蘭知名的手工藝品／4.波蘭人主要信奉天主教

全非。

不過，波蘭人民並未因此失去民族認同。在國民的團結之下，努力修復被損毀的城市，現在的熱門觀光景點華沙舊城區，就是波蘭人民於二戰後，依循歷史照片、資料、影片、繪畫、文獻，一磚一瓦重建而來，再現中世紀風采。

如今，波蘭已經從苦難中站起來，近十多年來波蘭經濟平均達到5%以上的高速成長率，整體都市建設也具有相當高的水準。不論是帶著歷史痕跡的華沙首都、中世紀最具代表的古城克拉科夫、曾為波蘭第一大城市的格但斯克、歷史上波蘭王國第一個首都波茲南，以及哥德式古城托倫，各大城市都擁有迥異的風采；而克拉科夫附近的兩大世界

遺產：運行超過700年的維利奇卡鹽礦，還有二戰期間最令人不寒而慄的奧斯威辛納粹集中營，更是旅人造訪波蘭的精華旅遊目的地，特殊的觀光資源每年吸引大批歐美人士到波蘭觀光旅遊。

Extra 小百科

波蘭小檔案

正式國名：波蘭共和國(Republic of Poland)

國土面積：31.26萬平方公里，約8.6個台灣大

人口：3,847萬

首都：華沙

種族：波蘭人占96.9%，其他為西里西亞人(Silesian)、德國人、烏克蘭人

宗教：天主教

語言：波蘭語

貨幣：茲羅提złoty，國際簡稱PLN

與台灣時差：較台灣慢7小時(每年3～10月日光節約時間較台灣慢6小時)

波蘭的地理位置

波蘭位於中歐，南北長649公里、東西長689公里，總面積31.26萬平方公里，約為8.6個台灣大，是中歐最大的國家。波蘭國界東臨白俄羅斯，北接波羅的海、立陶宛和俄羅斯的加里寧格勒州，西邊緊靠德國，南面與捷克、斯洛伐克接壤。

說波蘭是一個平原國家絕對是最好的形容，波蘭全國境內幾乎是一個大平原，海拔300公尺以下的低地土地，占波蘭國土面積超過9成之多；海拔300～500公尺的高地土地，僅不到全國面積的6%；海拔500公尺以上的山地則只占國土面積3%，主要集中在波蘭南部邊境地區。

從空中看波蘭是一片平坦的平原

波蘭北邊緊鄰波羅的海

歷史上的波蘭

中世紀國力強盛的波蘭，於近代歷史上曾二度消失於地圖上，現在所看到的波蘭領土，是二戰之後才界定出來的範圍。因此，說波蘭是浴火鳳凰的國度一點也不為過，想要深入了解波蘭這個國家，一定要先了解波蘭的歷史。

10～16世紀：盛世時期

波蘭是由數個斯拉夫族部落移居組成，根據歷史記載，波蘭最早出現於9～10世紀。波蘭領土上的斯拉夫族部落統一後，達成了建立國家的霸業，而「Polanie」(平原之民)成了波蘭國家名字的由來。

第一個王朝皮亞士王朝(Dynastia Piastowie)國王梅什科一世(Mieszko I)於西元966年受洗，改信奉基督教，奠定了波蘭以天主教為信仰的基礎。皮亞士王朝於1385年結束後，正式進入第二個王朝——亞傑榮王朝(Dynastia Jagiellonia，1386～1572年)的時代，並於1569年與立陶宛結盟成立波蘭立陶宛聯邦，不僅成為抵禦欽察汗國入侵的歐洲之盾，亦是當時歐洲面積最大的國家。

歷經兩個盛世時期，波蘭在11～15世紀的

有名的格但斯克起重機，訴說著過往輝煌的歷史

國力非常強盛，進入16世紀後更是國力的黃金時代，除了身兼歐洲大國和世界貿易大國的雙重身分，當時波蘭的文化也深深影響歐洲其他國家。

17～18世紀：國力衰敗時期

進入17世紀之後，波蘭對內因為貴族政治導致國家混亂，對外又受到俄國和普魯士崛起的影響，波蘭國力開始走下坡；到了18世紀時，最終被鄰國三大強國蠶食：1792年首次遭普魯士、奧匈帝國及俄國三強瓜分。同年，又受到俄國入侵，波蘭領土第二次遭分割，隔年又被普魯士與俄國瓜分，到了1795年，波蘭立陶宛聯邦再遭三強瓜分，波蘭首次消失在歐洲地圖上。

格但斯克在中世紀是貿易大城

二戰時波蘭軍隊的制服

戰爭對波蘭的影響深遠

華沙起義是波蘭人永遠不
會忘記的歷史

二戰後：共產政權走向民主現代化

　　雖然波蘭復國，但因共產黨一黨專制體制，採用蘇聯模式的社會主義治國，導致人民生活水平不進反退，引發多起勞工暴動事件。進入1980年代，波蘭經濟惡化，引發了全國性的罷工，由萊赫‧華勒沙(Lech Wałęsa)領導的團結工聯與政府進行談判，1981年政府宣布戒嚴。1989年2月波蘭政府與團結工聯進行「圓桌會議」，達成國會改選以及給予獨立工會合法化協議，並於隔年1990年舉行全民選舉，華勒沙當選總統，正式終結共黨40年統治。

　　波蘭邁向民主現代化發展，中間雖然一度面臨經濟劇烈轉型帶來的衰退與城鄉差距擴大等陣痛期，如今，卻已經脫胎換骨，成為中歐深具發展潛力的閃亮之星。

團結廣場上紀念參加抗議活動而犧牲的勞工雕像

一戰～二戰：兩次復國的動盪時期

　　歷經123年被瓜分滅亡，波蘭終於在第一次世界大戰之後的1918年11月正式恢復獨立，重建國家，成立第二共和國。但好景不常，1939年9月1日，納粹德國以閃電戰突襲波蘭，導致波蘭淪為主要戰場，也宣告第二次世界大戰正式揭幕，波蘭政府流亡海外，1944年華沙起義抵抗德軍，最後卻不幸失敗，華沙幾乎被夷為平地，波蘭再次從地圖上消失。

　　二戰後，由美國、英國和蘇聯3國領袖召開「雅爾達會議」，制定了戰後世界新秩序和列強利益分配方針，對波蘭的政治體制、領土及國際環境影響深遠，1952年波蘭人民共和國(Polska Rzeczpospolita Ludowa)成立。

高度現代化的華沙

關於波蘭 10個 快問快答

華沙是許多人來波蘭旅遊的第一站

Q1 波蘭使用歐元嗎?

A:波蘭2004年加入歐盟,成為成員國,但不是歐元使用國。波蘭使用自己的貨幣波蘭茲羅提(złoty),茲羅提兌台幣匯率約1:8.2。台灣無法直接換到茲羅提,需帶美元或歐元到當地兌換。

Q3 波蘭的首都在哪?

A:波蘭的首都是華沙,位於波蘭中部偏東。南部的克拉科夫則是國際觀光客最喜愛的旅遊都市。

Q2 波蘭到底在哪?

A:波蘭位於中歐,東臨白俄羅斯,北接波羅的海、立陶宛和俄羅斯的加里寧格勒州,西邊緊靠德國,南面與捷克、斯洛伐克接壤,從地理位置來看,可說是居歐洲樞紐地位。也因為這樣的獨特地理環境,造就波蘭成為一個讓各歐洲文化相互交流的匯合點,替波蘭打下深厚的文化根基。

　　但因為國土缺乏天然屏障,波蘭領土曾數次遭瓜分,目前的領土是第二次世界大戰之後才界定出來的。

Q4 到波蘭旅遊需要簽證嗎?

A:2008年波蘭加入申根國家,持台灣護照可以直接入境,不用另外辦理簽證,相當方便。

華沙蕭邦機場一景

Q5 波蘭有什麼值得玩的地方?

A:波蘭擁有物產豐饒的平原地形,加上位於歐洲中心的得天獨厚地理位置,造就波蘭在中世紀的輝煌富強歷史,也讓波蘭境內留下許多深具代表的歷史建築、歐洲人文色彩。

在觀光資源上,波蘭的優勢絕不亞於台灣人熟知的義大利、法國等西歐觀光大國,光是波蘭境內就有許多世界之最的超級景點:全球最大的地下鹽礦維利奇卡、歐洲最大的中世紀廣場克拉科夫中央集市廣場、最美麗的中古世紀城鎮托倫、二戰歷史中不應該被遺忘的奧斯威辛集中營等等。

波蘭是全世界少見兩度消失在地圖上,又浴火重生的國家。這樣的過往增添了波蘭歷史的厚度,甚至媲美西歐國家,因此,波蘭絕不僅僅只是歐洲之旅的其中一站,而是值得專程至此深度旅遊的國家。

內部華美的維拉諾夫宮

想深入了解波蘭的年輕人,還可以透過打工度假方式,深度體驗波蘭生活。2014年,駐華沙的臺北代表處(Taipei Representative Office),與駐台北的波蘭臺北辦事處(Polish Office In Taipei)共同簽訂,凡是年齡介於18~30歲的台灣民眾,都可以到波蘭打工度假1年。對波蘭有興趣的年輕人,可以上網搜尋至波蘭打工度假的資訊。

美麗的波蘭平原景色(圖片提供/波蘭旅遊局)

波蘭年輕人語文能力普遍不錯

波蘭人幽默的一面

Q6 波蘭人講英文嗎？

A：波蘭的官方語言是波蘭語，是西斯拉夫語支中使用人數最多的語種。年輕的波蘭人英語能力普遍不錯，其他如俄語、德語、法語在波蘭也算常見。

Q7 聽說波蘭人很冷漠？

A：波蘭歷經二戰摧殘，又受到蘇聯共產統治，直到1990年才真正結束共產時期，因此波蘭人多少帶著比較悲觀的特質，表面看似不苟言笑；事實上，波蘭人其實很友善、很樂於助人，也非常重視家庭。

Q8 波蘭是歐洲國家，花費好像很高？

A：波蘭的物價與其他歐洲國家相比非常親民，消費水準與台灣相比也不會是很大的負擔，在觀光區的知名餐廳用餐，一餐大概台幣300～500元就能吃到很滿足。

波蘭美食很符合台灣人口味，價格又實惠

Q9 波蘭的商店營業時間長嗎？有什麼特產或伴手禮好買？

A： 波蘭商店的營業時間和台灣差不多，平日早上大約10～11點開始營業，晚上6～7點打烊，百貨公司更是早上9點就開始營業至晚上10點，只是週日會提早1小時關門。不過波蘭政府規定從2019年開始，商店週日只能在每月最後一個週日營業，2020年起每逢週日皆不得營業。目前波蘭商家也在觀望中，但為了保險起見，要在波蘭購物的旅客，建議暫時避開週日時間。

波蘭美妝商店

波蘭有名的特產種類繁多，包括琥珀、波蘭陶瓷、木雕製品、薑餅、伏特加、蜂蜜、皮製品、玻璃製品等，很適合作為伴手禮。

來自波羅的海的美麗琥珀

Q10 波蘭的食物台灣人吃得習慣嗎？

A： 很多台灣人不習慣歐洲的冷食，那麼到波蘭旅遊絕對是一個好選擇。波蘭的食物主要以熱食為主，很多傳統波蘭菜的口味，台灣人也不陌生，像是豬腳、香腸、馬鈴薯、菇類食品等，因此，到波蘭玩不用扛台灣泡麵，重點反而是要帶著空空的肚子去享受當地美食。根據統計，全球食用豬肉量最多的國家，第一名是捷克，第二名就是由波蘭與台灣並列，可想而知波蘭料理是很符合台灣人口味的。

來波蘭一定要吃的豬腳

波蘭的麵包選擇非常多樣化

美味的波蘭傳統甜點

四季波蘭

波蘭的氣候

波蘭屬於標準的大陸型氣候，四季分明，想造訪波蘭，最好的旅遊時間點是每年的5～9月，此時波蘭氣候宜人，也容易見到陽光，白天時間也比秋冬長，對於旅行來說更好安排時間；進入9月之後，遍地植物會轉為紅黃色，這時的植被景觀非常美麗，還被譽為「波蘭金色的秋天」。

到了10月起，氣溫會快速下降，華沙甚至開始下雪。波蘭的冬季不僅寒冷，天空也常是灰色的陰天，每年1月是氣溫最低的月分，若在此時來波蘭旅遊，一定要做好防寒措施，而且要注意不少景點會提早關門。至於北邊的格但斯克因為有海洋調節，氣溫比起內陸溫暖。

由於波蘭的大陸型氣候與台灣海島型氣候不盡相同，四季相當分明，不同季節造訪波蘭的穿搭有不同的小撇步，才能讓人玩得更盡興。

下雪的波蘭(圖片提供／波蘭旅遊局)

四季穿搭祕訣

春季

春天的波蘭還是相當寒冷，尤其是非北邊臨海的內陸城市，氣溫仍帶有寒意，可以帶輕便的防水羽絨外套加上圍巾。

夏季

雖然波蘭冬季嚴寒，但有時候7、8月夏天的酷熱氣溫與台灣不相上下。不過，因為波蘭入夜後溫差大，白天亦常出現氣溫急速下降的狀況，建議還是帶一件薄外套備用。

秋季

波蘭進入秋天後氣溫明顯轉涼，擋風的外套與圍巾已經可以派上用場，如果比較怕冷，建議帶羽絨外套較為保險。

繁花盛開的春天

冬季

如果10月之後造訪波蘭，一定要做好防寒準備，波蘭冬天會下大雪，手套、帽子、厚外套缺一不可，如果能準備雪靴更佳。不過，波蘭的室內冬天都有暖氣，基本穿搭建議用洋蔥式穿法，才不會一進入室內太熱流汗，出門卻又寒風刺骨。

波蘭月平均溫度和月平均雨量圖

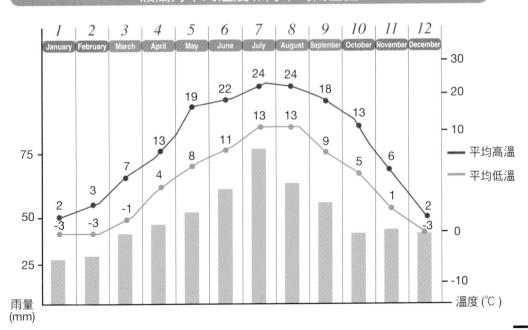

雨量 (mm)

溫度 (℃)

平均高溫

平均低溫

重要國定假日與節慶

節日	時間	介紹
元旦新年	1月1日	慶祝新年到來。
主顯節 Epiphany	1月6日	主顯節是紀念東方三賢士拜訪耶穌基督,同時也是耶穌基督降生為人後,首次顯現於外邦人(東方三賢士)面前的日子。主顯節代表節慶時刻的開始,波蘭人會一直狂歡到大齋期(Lent)開始。在主顯節,包括華沙等波蘭各地會舉辦盛大的遊行活動。
*胖胖星期四 Tłusty Czwartek	大齋期的最後一個週四	這一天是迎接復活節前大齋期的最後一個週四,波蘭人在這天都會享用波蘭特有甜甜圈 (pączki) 和絲帶脆餅 (faworki) 作為慶祝,街上也可見到各家麵包店、甜點店大排長龍,民眾熱烈搶購甜甜圈。 波蘭有句俚語:「如果有人在胖胖星期四一個甜甜圈都沒吃,接下來的人生都不會幸福。」
*狂歡終日 Zapusty	齋戒前最後一天	由於齋戒後就不能享用美食了,波蘭人都會在這一天把握時間大啖美食。
*大齋首日 Ash Wednesday(又稱聖灰星期二Popielec)	通常為2~3月間	大齋戒是為了紀念耶穌為世人背負的苦難,因此從大齋戒起到復活節為止共40天,根據傳統不能吃肉、喝酒或是娛樂。
復活節 Easter, Easter Monday	春分月圓之後第一個週日,通常在4月初	波蘭人會與家人聚在一起,共同享用復活節早餐,包括祈福過的蛋、麵包、香腸或火腿等食物。復活節對波蘭而言並不只是一天的慶祝,而是持續一週的神聖紀念活動。 復活節假期除了星期日當天,隔一天的週一「潑水節」(Śmigus-dyngus) 也會放假。
五旬節 Pentecost	4月	又稱為聖神降臨節,由逾越節後算起第50天,是為了感謝天主賜予肥沃的土地與豐收。
勞動節 Labor Day	5月1日	勞動節為全球性的節日,目的是為了慶祝勞動階級對社會和經濟所做的貢獻。
憲法節 Constitution Day	5月3日	波蘭的國慶日,紀念1791年通過波蘭第一部憲法。
基督聖體節 Corpus Christi	5~6月,定於週四,每年日期不同	紀念耶穌聖體的節日,屬於大型紀念日,當天商家通常會早早打烊或不營業。
蕭邦音樂節 Chopin Concerts in Łazienkowski	5月~9月底	夏日的每個週日中午12點與下午4點,在華沙瓦津basin公園的蕭邦雕像旁,會舉辦兩場露天鋼琴演奏會,常吸引大批民眾攜家帶眷前往欣賞。
聖母升天日 Assumption of Virgin Mary	8月15日	紀念聖母瑪利亞死後復活升至天堂,波蘭民眾在這天會至教堂慶祝聖母升天日。
諸聖節 All Saint's Day	11月1日	等同萬聖節,諸聖是一個天主教稱呼,用於所有忠誠的聖者和殉道者,波蘭人會在這一天掃墓。
波蘭獨立紀念日 Independence Day	11月11日	波蘭於1918年11月11日取得獨立,成立了共和國,史稱波蘭第二共和國。
聖誕節 Christmas Day	12月25日	聖誕節期間,波蘭各地都會舉辦聖誕市集,氣氛非常熱鬧。
聖誕節翌日 Second Day of Christmas	12月26日	聖誕節後一天的假日。

*代表非國定假日的慶祝節日或活動

圖片提供／波蘭旅遊局

15大世界遺產

　　波蘭是一個擁有豐富傳統和文化底蘊的國家，經過幾個世紀的累積，在波蘭境內有15項珍貴的建築古蹟、歷史遺跡、藝術傑作等文化遺產，同時，波蘭的自然美景和原始森林，也是全球極為珍貴的自然風貌。

　　2017年，位於波蘭西里西亞區的銀錫礦區與地下水道系統，也獲得聯合國教科文組織認可，躋身世界文化遺產，替波蘭再添歷史觀光的豐富度。

15大世界遺產

Castle of the Teutonic Order in Malbork
馬爾堡條頓騎士團城堡

Medieval Town of Toruń
中世紀古鎮托倫

Białowieża Forest
比亞沃維耶札原始森林

Historic Centre of Warsaw
華沙歷史中心

Park Mużakowski
穆斯考爾公園

Centennial Hall in Wrocław
弗羅茨瓦夫百年廳

Tarnowskie Góry Lead-Silver-Zinc Mine and its Underground Water ManagementSystem
塔爾諾夫斯凱古雷鉛銀鋅礦及地下水管理系統

Churches of Peace in Jawor and Świdnica
亞沃爾和希維德尼察的和平教堂

Historic Centre of Kraków
克拉科夫歷史中心

Old City of Zamość
扎莫希奇古城

Anschnitz Birkenau /
German Nazi Concentration and Extermination Camp
奧斯威辛—比克瑙集中營

Wooden Churches of Southern Małopolska
小波蘭南部木造教堂群

Kalwaria Zebrzydowska
卡瓦利亞澤布日多夫斯卡

Wieliczka and Bochnia Royal Salt Mines
維利奇卡鹽礦

Wooden Tserkvas of the Carpathian Region in Poland and Ukraine
喀爾巴阡地區木質教堂

克拉科夫歷史中心
Historic Centre of Kraków

登錄時間：1978 年

　　曾經是波蘭前首都的克拉科夫歷史中心，承載了中世紀歐洲文藝復興時期的文化重鎮輝煌歷史，最知名的就是位於克拉科夫古城的中央集市廣場，歐洲最大的露天廣場，還有廣場上著名地標紡織會館、哥德式風格的聖瑪麗教堂等等；同樣位在舊城區的瓦維爾 (Wawel) 皇家城堡，則散發昔日王室的莊嚴氣息。

　　克拉科夫是波蘭境內少數未受到二次世界大戰戰火波及的城市，因而能大量完整地保留中世紀與文藝復興建築物，也讓聯合國教科文組織在1987年，將整個克拉科夫舊城區列入世界遺產名單。(關於克拉科夫舊城區更詳細的介紹，請見P.109～P.121)

維利奇卡鹽礦
Wieliczka and Bochnia Royal Salt Mines

圖片提供／波蘭旅遊局

登錄時間：1978 年

　　維利奇卡鹽礦是一個到波蘭不容錯過的特殊景點，這個鹽礦坑已經運行超過700年之久，1978年被聯合國教科文組織列為世界文化遺產。鹽礦坑最淺層就已在地底65公尺處，最深直達地下327公尺，中間布滿密密麻麻如迷宮般的通道，所有通道總長度合計達300公里，等同於基隆至台南的距離。

　　地下各式以鹽雕刻而成的教堂、宮殿、燈飾、浮雕壁畫，還有靛藍的鹽礦湖泊景觀，都讓旅客嘆為觀止，其中最壯觀的就是建於地下110公尺深的聖金加禮拜堂，牆面的浮雕、柱子、水晶吊燈，甚至大教宗聖若望‧保祿二世的雕像，都是由鹽雕刻而成；整個禮拜堂工程耗時65年，總共移出2萬噸的岩鹽。參觀完鹽礦坑後，會搭乘一段特殊的地下電梯，由地底6、70層樓的深度回到地面，結束這段神奇地下旅程。(關於維利奇卡鹽礦更詳細的介紹，請見P.122～P.126)

奧斯威辛—
比克瑙集中營

Auschwitz Birkenau / German Nazi
Concentration and Extermination Camp

圖片提供／波蘭旅遊局

登錄時間：1979 年

納粹德國於二次世界大戰期間，在波蘭境內留下最惡名昭彰的滅絕營：奧斯威辛—比克瑙集中營。根據歷史資料顯示，二戰時估計約有110萬人喪命於奧斯威辛集中營，其中有9成為猶太人，其他還有吉普賽人、戰俘等。被運送至此的「犯人」，超過8成直接被送進毒氣室處死，另外2成被當做勞動力奴役，還要面臨被餓死、慘遭嚴刑拷打、集體槍殺或遭殺害的苦難。

奧斯威辛集中營是20世紀人類歷史上的浩劫，營中完整保留下來的鐵絲網、絞刑架、毒氣室、焚化爐等，都成為這段殘酷虐殺歷史的悲慘見證。(關於奧斯威辛集中營更詳細的介紹，請見P.136～P.144)

扎莫希奇古城
Old City of Zamość

登錄時間：1992 年

扎莫希奇古城建於1580年，是由義大利建築師貝爾南多‧莫蘭多所設計，不僅表現出東西歐文化和諧共存，更代表了以義大利商業城市為理想雛型、16世紀晚期文藝復興城鎮的完美範例。古城裡完整保留文藝復興時期風格城鎮的最初風貌與要塞堡壘，同時，也是充分體現義大利與中歐建築風格完美結合的建築物，被譽為「文藝復興珍珠」。

圖片提供／波蘭旅遊局

圖片提供／波蘭旅遊局

馬爾堡
條頓騎士團城堡
Castle of the Teutonic Order in Malbork

登錄時間：1997 年

　　建築於13世紀的馬爾堡城堡，曾經是條頓騎士團的總部，是中世紀磚製城堡的代表性歷史建物，也是歐洲最大的中世紀哥德式磚造古堡。

　　馬爾堡城堡在二次世界大戰時遭到嚴重毀損，1945年二戰結束之後，馬爾堡成為波蘭領土，波蘭政府於1962年開始進行重建工程，根據歷史留下來的詳細資料與文獻，一磚一瓦再次修復了這座文化遺產。(關於馬爾堡更詳細的介紹，請見P.176～P.177)

登錄時間：2001 年

　　亞沃爾和希維德尼察的和平教堂為福音派教堂，位於波蘭西南部的西里西亞，建造於17世紀中期，是歐洲最大的純木製結構宗教建築，質樸的外牆上，具有豐富的巴洛克式裝飾。

　　除了建造歷史與外觀值得遊客細細品味，教堂完美的卯榫結構，以及內部華麗的裝飾風格，也相當值得仔細欣賞。

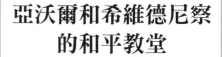

亞沃爾和希維德尼察
的和平教堂
Churches of Peace in Jawor and Świdnica

圖片提供／波蘭旅遊局

圖片提供／波蘭旅遊局

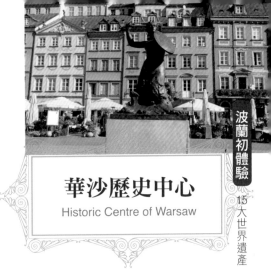

登錄時間：1980 年

華沙的近代史可說是一部血淚史，除了受二次世界大戰時的德國納粹摧殘，1944年8月華沙起義期間，也讓華沙超過90%的建築遭到摧毀，超過華沙總人口一半、高達20萬華沙居民在戰爭中犧牲。

如今華沙整座城市，是華沙市民從瓦礫堆中重建的浴火鳳凰，民族性堅韌且愛國的波蘭人，透過歷史照片、資料、影片、繪畫、文獻等，一磚一瓦重建教堂、宮殿、貿易場所，耗時長達5年；而華沙的重生，也是13～20世紀建築史上不可抹滅的紀錄。
(關於華沙舊城區更詳細的介紹，請見P.78～P.83)

華沙歷史中心
Historic Centre of Warsaw

卡瓦利亞
澤布日多夫斯卡
Kalwaria Zebrzydowska

登錄時間：1999 年

卡瓦利亞澤布日多夫斯卡是一處結合美麗風景和宗教的文化景觀，可說是自成一格的建築景觀朝聖園，該地的教堂、修道院和伯納迪恩(Bernardine)朝聖公園，在1999年被聯合國教科文組織列入世界遺產名錄。

至今，這些教堂仍是許多信徒朝聖與禮拜的場所，每年約有百萬名朝聖者到此參觀。

圖片提供／波蘭旅遊局

圖片提供／波蘭旅遊局

弗羅茨瓦夫百年廳
Centennial Hall in Wrocław

登錄時間：2006 年

弗羅茨瓦夫的百年紀念會堂，是現代工程建築的先驅之作，也是鋼筋混凝土建築史上的一個重要里程碑，對後來鋼筋混凝土建築的發展具有相當重要的參考價值。

百年廳的結構設計呈現中心對稱式，建物本身採用特殊強化水泥，圓頂表面是鋼鐵和玻璃構成的燈籠式穹頂。整個建築物總面積達1.4萬平方公尺，共有56個展示廳以及能同時容納1萬人的大廳，許多重要的國際會議都曾在此舉行。

中世紀古鎮托倫
Medieval Town of Toruń

登錄時間：1997 年

托倫位於維斯瓦河畔，13世紀由條頓騎士團建城，成為征服普魯士和感化普魯士的基地，亦是古代貿易交通的要道，讓托倫一度為歐洲最繁榮的城市之一。

托倫的舊市區是波蘭最美麗的中世紀城鎮之一，也是偉大的天文學家哥白尼的故鄉，走在托倫街頭，能深刻感受到這裡曾經擁有經濟、文化、科學高度發展的輝煌歷史。

托倫最著名的就是由紅磚建造的市政廳、教堂、城牆、城門，城中還有許多14～15世紀建造的公共建築和私人建築，這一切顯示了托倫在波蘭歷史上的重要地位。(關於托倫舊城區更詳細的介紹，請見P.187～P.193)

穆斯考爾公園
Park Mużakowski

登錄時間：2004 年

穆斯考爾公園建於1815～1844年，橫跨波蘭與德國的邊境。園內景觀設計，採用當地植物來提升景觀美感，呈現出一種「植物畫之美」，而非以往追求古典主義、盡善盡美的園林設計。此外，穆斯考爾公園也是城市中興建園林的濫觴，日後對歐洲和美洲的園林設計，帶來相當深遠的影響。

圖片提供／波蘭旅遊局

喀爾巴阡地區木質教堂
Wooden Tserkvas of the Carpathian Region in Poland and Ukraine

登錄時間：2013 年

　　喀爾巴阡地區木質教堂是16座在16～19世紀所建造的木質教堂群，外觀最特別的是水平固定的原木結構，包括位於波蘭的小波蘭省、喀爾巴阡山省，以及烏克蘭的利沃夫州、伊萬諾—弗蘭科夫斯克州、外喀爾巴阡州，總計波蘭與烏克蘭各擁有8座木質教堂，皆於2013年被登錄世界文化遺產。

登錄時間：1979 年

　　橫跨白俄羅斯及波蘭兩國邊境的比亞沃維耶扎原始森林，是歐洲僅存的原始森林，波蘭政府為此設立了比亞沃維耶扎國家公園，占地約100平方公里，白俄羅斯則設立占地1,771平方公里的生態保護區。

　　比亞沃維耶扎原始森林擁有許多歐洲特有物種，最著名的就是歐洲野牛、波蘭小馬等珍貴動物。其他還有59種哺乳類動物、超過250種鳥類、13種兩棲類、7種爬蟲類，以及超過1.2萬種無脊椎動物。除了被列為世界遺產外，也是國際承認的生物圈保護區，是歐洲的亞馬遜。

比亞沃維耶扎原始森林
Białowieża Forest

圖片提供／波蘭旅遊局

塔爾諾夫斯凱古雷鉛銀鋅礦及地下水管理系統

Tarnowskie Góry Lead-Silver-Zinc Mine and its Underground Water ManagementSystem

登錄時間：**2017** 年

　　塔爾諾夫斯凱古雷鉛銀鋅礦位於波蘭南部的西里西亞地區，是歐洲中部重要的礦區，也是波蘭境內最新獲得聯合國教科文組織列入名單的世界遺產。

　　地下礦區內包括整個地下礦井、通道與地下水管理系統，表層礦區則保存了19世紀的蒸氣水泵站，除了經歷3個世紀的運作，還徹底利用了該區水源，供應給當地城鎮與工業運用，讓塔爾諾夫斯凱古雷對全球鉛鋅礦區生產提供重大參考貢獻。

小波蘭南部的木造教堂群

Wooden Churches of Southern Małopolska

登錄時間：**2003** 年

　　小波蘭南部的木造教堂群，有別於傳統的石造教堂，展現出中世紀羅馬天主教教堂建築文化的不同面向。根據文獻，自中世紀開始，東歐與北歐的天主教常利用原木平行堆疊出的水平構造來建築教堂，這類教堂通常是由達官顯貴捐獻建造，也成為當時高官貴族的一種身分地位象徵。

圖片提供／波蘭旅遊局

圖片提供／波蘭旅遊局

波蘭名人談

哥白尼
Mikołaj Kopernik

> 天文學家

　　1473年出生於波蘭托倫的哥白尼，是奠定西方天文學「日心說」(又稱為「地動說」)的偉大天文學家。哥白尼出生於富裕家庭，排行老么，父親是從克拉科夫來的商人，母親是托倫當地商人的女兒，不過哥白尼的父親在他10歲時過世，之後由舅父盧卡斯·瓦贊爾羅德領養。1491年哥白尼進入克拉科夫大學，也就是現今的亞捷隆大學就讀，從此開啟他對天文學的濃厚興趣。

　　當時的天文學以托勒密的「地心說」為主流，不論天文學家或人民，都對於地球是宇宙的中心、其他天體繞著地球運轉的「地心說」深信不疑；更重要的是，當時握有龐大權力的教會，採用了托勒密的研究與說法，並將「地心說」發展成基督教的宇宙觀，守舊的教義深深影響整個歐洲天文學發展。直到哥白尼在1543年發表《天體運行論》，證明地球繞著太陽轉的「日心說」，才讓整個天文學進入現代天文學的新一里程。爾後更開啟了哥白尼革命，對於推動科學革命做出了重要貢獻。

　　雖然以現在的眼光來看，哥白尼的學說有部分並非正確，例如《天體運行論》提到太陽是宇宙的中心，其實非事實，但仍無法抹去哥白尼對於天文學發展的貢獻。他不僅改變了當時人類對宇宙的認識，促進宇宙觀與天文學的巨大變革，更撼動歐洲中世紀宗教神學的理論基礎。

瑪麗 · 居禮 Marie Curie

物理學家、化學家

瑪麗 · 居禮全名為瑪麗亞 · 斯克沃多夫斯卡-居禮(Maria Skłodowska-Curie)，是歷史上首位諾貝爾獎女性得主，也是分別獲得物理學及化學獎兩次諾貝爾獎的唯一女性。

瑪麗 · 居禮對人類最大的貢獻，是發明分離放射性同位素的技術，以及發現釙和鐳兩種新元素。其中，「釙」正是以祖國波蘭命名的，帶動歐洲科學界掀起放射線研究熱潮；在瑪麗 · 居禮的指導下，人類第一次將放射性同位素用來治療腫瘤。她也在巴黎和華沙各創辦了一座居禮研究所，至今仍是全球重要的醫學研究中心。

1867年11月7日，瑪麗 · 居禮生於俄國統治下的華沙，父母親都是老師，熱愛科學研究的她，直到24歲時離開波蘭至巴黎大學深造，並在此認識比埃爾 · 居里。這兩位對物理與數學有著狂熱興趣的年輕人，很快就墜入愛河並結婚，成為生活與工作上一輩子的伴侶。

由於居禮夫婦兩人長期接觸釙和鐳，不知道這些放射性物質的危險性，導致瑪麗 · 居禮經常出現疲倦、昏睡、皮膚潰瘍等病痛，最後她在1934年病逝於法國，享年66歲。直到今天，想參閱瑪麗 · 居禮1890年代完成的論文手稿，仍需要穿防護服隔離，因為論文上帶有高放射性物質。

瑪麗 · 居禮一生追求對學術的執著鑽研，以及對青年的教育奉獻。愛因斯坦曾評論：「在所有名人中，瑪麗 · 居禮是唯一不為榮譽所顛倒的人。」

大教宗聖若望 · 保祿二世
Pope John Paul II the Great

天主教教宗

生長於波蘭的大教宗聖若望 · 保祿二世，是456年來第一位非義大利籍的天主教教宗，在位時間26年，是史上第二長。他於2005年逝世，享壽84歲，並在2014年由教宗方濟各舉行封聖儀式，將他和教宗若望二十三世同冊封為聖人。

生於波蘭的大教宗聖若望 · 保祿二世，常被許多教內外人士尊稱是「不一樣的教宗」，包括他在位期間的國際訪問次數高達102次，是歷任教宗之最；在他遭槍手襲擊後，仍親自至監獄探望對方；他也是第一位進入清真寺的教宗，讓他深受信徒愛戴。在大教宗聖若望 · 保祿二世擔任教宗期間，對於近代教廷與天主教公共形象，帶來相當深遠的影響。

辛波絲卡Wisława Szymborska

> 詩人

　　或許台灣人比較不熟悉這位詩人，維斯拉瓦·辛波絲卡是波蘭著名的詩人，也是翻譯家，1996年獲得諾貝爾文學獎，被喻為「詩歌界的莫札特」。

　　辛波絲卡出生於1923年，2012年以88歲高齡辭世，她的一生歷經二次世界大戰、共產黨統治，到鐵幕政權崩塌開放，也因為這些巨大的環境變化，化成了辛波絲卡詩詞創作的養分。她的詩用字淺白，結構簡單，卻能讓讀者瞬間體悟出文字間對於生活、人生的深刻洞察力。

弗里德里克·蕭邦Fryderyk Franciszek Chopin

> 音樂家、鋼琴家

　　蕭邦是音樂史上著名的愛國音樂家與鋼琴家，不僅是最具影響力和最受歡迎的鋼琴作曲家之一，也是波蘭音樂史上重量級的人物，更是歐洲19世紀浪漫主義音樂的代表人物。蕭邦所寫的鋼琴曲華麗而帶著浪漫深刻情感，因此也被尊稱為「鋼琴詩人」，波蘭首都華沙的國際機場正是以他為名。

　　蕭邦1810年在華沙近郊誕生，自小就展現出過人的音樂才華，7歲時創作了第一首樂曲波蘭舞曲，8歲時舉辦第一場公開演奏會，被眾人譽為「莫札特再世」，不到20歲已是歐洲知名的青年音樂家。

　　蕭邦英年早逝，在他短短的39年歲月中，共創作了59首馬祖卡舞曲、27首練習曲、26首前奏曲、21首小夜曲、8首波蘭舞曲等將近200首鋼琴曲，曲調俏皮的《小狗圓舞曲》、澎湃激昂的波蘭舞曲《英雄》、音符華麗而行雲流水的《幻想即興曲》等膾炙人口的樂曲，都是蕭邦的作品。而蕭邦的波蘭舞曲與馬祖卡舞曲，充滿濃濃的波蘭風格，是最具有波蘭特色的舞曲形式。

　　蕭邦在20歲那年出國舉辦旅行演奏會，但才離開祖國不久，波蘭便發生了華沙起義。最終華沙淪陷，以失敗收場，從此蕭邦旅居巴黎，至死前再也沒有回去祖國波蘭，死後才由姐姐將他的心臟帶回波蘭，安置在華沙聖十字大教堂。

| Extra 小百科 |

蕭邦國際鋼琴比賽

為紀念蕭邦這位愛國的鋼琴詩人，自1927年起，在華沙愛樂廳每5年會舉辦一次蕭邦國際鋼琴比賽，吸引全球鋼琴好手齊聚一堂，為音樂界盛事。歷屆能躋身前5名的年輕鋼琴家，日後幾乎都能在國際樂壇上占有一席之地。

必嘗美食

特殊的地理位置與歷史，造就波蘭大熔爐式的美食文化，其中受到俄羅斯與德國影響最深，因此不論是源自俄羅斯的餃子與蘑菇料理，或是德國豬腳、香腸火腿等等，已成為波蘭常見的代表美食。

另外，不像其他西歐國家距離亞洲比較遙遠，波蘭剛好位於東歐與亞洲交界處，不少波蘭料理中都能看到東方飲食文化與習慣的影子，口味上也與我們所熟悉的味道相近，到波蘭絕對不怕吃不習慣而餓肚子！

波蘭道地好料理

▶餃子Pierogi

波蘭餃子稱為「Pierogi」，外觀與中式餃子略有相同，不過，裡面的內餡可是與華人熟悉的餃子味道大不相同！波蘭餃子內餡分為菜餡類、肉餡類、起司餡三大類，包括菠菜、馬鈴薯、肉類、起司，甚至是水果都能作為餡料，再搭配酸奶、奶油等沾醬，因此點餐時記得和服務生確定是鹹食或果醬甜料。

波蘭餃子個頭比中式水餃來得更大，烹調方式除了水煮，還有煎、烤等料理法，因此很容易有飽足感，如果點的是起司水餃，兩位女生分吃10個可能都吃不完。

◀獵人燉肉Bigos

據說這道菜在古代是方便獵人外出攜帶的主食，為了增加營養與飽足感，這道料理把各式肉類、香腸、高麗菜、酸菜全數放到鍋子裡煮，可以搭配馬鈴薯泥或裸麥麵包一起吃，是一道很常見的波蘭家庭料理。

▶野菇Grzyby

波蘭氣候條件很適合蘑菇生長，讓炒菇、野菇湯等菇類料理成為傳統波蘭菜肴中很重要的一環，而且因為波蘭的蘑菇都是野生生長，風味與人工種植的不同，香氣特別濃郁，到波蘭一定要嘗嘗看。如果你在秋天造訪波蘭，可以在大城市的農產市集看到各式各樣的新鮮野生蘑菇。

因為蘑菇在波蘭是很受歡迎的食材，學校還會專門教導孩子，如何分辨可以食用的蘑菇，很多家庭也都會專門去森林裡採蘑菇，帶回家做成蘑菇料理。

▲香腸Kiełbasa

波蘭香腸種類多得令人驚嘆，波蘭人也以擁有千變萬化的香腸而自豪。波蘭香腸烹調方式包括煙燻、火烤、油煎以及新鮮製作等製法，每一種風味差異相當大，有些香腸因為不用冷藏，成為波蘭人野餐或出遊旅行的零食。波蘭還有一種很特別的豬血腸，想嘗鮮的人不妨一試！

▶豬腳Golonka

波蘭的傳統菜肴多是肉類，由於地理位置鄰近德國與奧地利，讓豬腳也成為波蘭最具代表性之一的美食，最早興起於被普魯士統治超過100年的大波蘭省(Wielkopolska)。在做法上會先醃製再油炸，起鍋後最後以火烤逼出油分，所以嘗起來一點油膩的感覺也沒有。波蘭豬腳通常分量十足，記得多找幾位朋友一起分享，不然就得打包帶回旅館當宵夜啦！

◀波蘭酸湯Zurek

地位等同於「波蘭國民湯」的波蘭酸湯，是波蘭美食中經典的湯品，喝起來酸酸的口感非常特殊，常見的配料為蛋與香腸。如果喜歡的話，超市都有販售酸湯即溶湯粉包，方便隨時享用。

▶波蘭甜甜圈Pączki

波蘭甜甜圈是當地很常見的一種甜點，包有玫瑰醬、草莓醬、巧克力、乳酪、卡士達等不同口味的內餡。在迎接波蘭復活節大齋期的最後一個星期四，波蘭人都會大啖美味的波蘭甜甜圈，將減肥這件事拋諸腦後，因此這一天也被稱作胖胖星期四 (Tłusty Czwartek)。

◀蘋果料理Jabłko

波蘭的蘋果聞名全球，除了擁有全世界最多種類的蘋果外，波蘭也是目前全球最大蘋果出口國，因此當地不乏許多蘋果入菜的傳統料理。除了大家熟知的蘋果醬、蘋果派、蘋果茶，波蘭人也將蘋果拿來作鹹食料理，透過蘋果酸甜的滋味來提味，像是蘋果烤鴨、蘋果薑汁濃湯等等，也是波蘭很受歡迎而且很常見的蘋果美食喔！

▶可頌麵包Rogaliki

麵包對於波蘭人而言，是日常飲食的一部分，而可頌麵包更為特別！造型如同牛角一般的可頌麵包，內餡是杏仁、白罌粟籽等，外層灑滿糖霜，是波蘭的特色麵包之一，與台灣人熟悉的法式可頌截然不同。

在波蘭，最出名的可頌麵包是聖馬丁可頌麵包，只有在波茲南的一些專業麵包師父才能製作。根據法律規定，聖馬丁可頌麵包的重量至少要在 250 公克以上。

波蘭人會在 11 月 11 日聖馬丁日當天食用可頌麵包，而這一天也剛好是波蘭獨立紀念日，因此格外具有意義。

吃在波蘭 開心享受

▶牛奶吧　波蘭特有

　　從波蘭共產時代興起且留存至今的牛奶吧 (Bar Mleczny)，並不是牛奶專賣店，而是當時共產政府為了提供人人都吃得起的便宜飲食，產生的國營傳統食堂，裡面販售的都是波蘭傳統飲食，菜單通常全數為波蘭文。如今牛奶吧多已轉變為私人經營，不過仍維持著過往平價的食堂特色，因此廣受學生、上班族喜愛。若想品嘗道地傳統波蘭味，可別錯過牛奶吧喔！

波蘭另一種好味道
◀猶太料理、越南菜

　　波蘭是全世界第一個包容猶太人的國家，自從 10 世紀波蘭王國創立之後，便對猶太人採包容接納的態度。在這樣的歷史發展下，波蘭曾經是擁有全球最多猶太群體的國家，波蘭境內的猶太餐廳、猶太料理也是全世界公認最好吃的，因此到波蘭一定要試試當地猶太菜。

　　另外，在波蘭也能常見到越南人與越南料理店，主要是由於冷戰時期波蘭與越南同為親俄的共產政權，在兩國友好的關係之下，雙方人民交流增加；還有一大重點在於波蘭的飲食文化中，豬肉料理的比重相當大，此狀況與越南的飲食習慣差異不大，因此許多越南人選擇遠赴重洋至波蘭念書與生活，最後落地生根，也豐富了波蘭的飲食多元性。

▶乳製品

波蘭的酪農業相當發達，到處可見鮮奶、優格、起司、冰淇淋等奶製品，波蘭人也非常喜愛食用濃醇香的乳製品食品；如果你是乳製品控，來到波蘭絕對不能錯過當地的鮮奶，便宜大碗又香濃，一公升裝只要 3PLN 左右，等於不到台幣 30 元！此外，各家鮮乳品牌會用不同的瓶蓋顏色來區別全脂或低脂鮮乳，購買時亦可從瓶蓋標示作挑選。

本土口味

◀波蘭速食店NORTH FISH

到波蘭如果突然想吃速食，除了麥當勞這些台灣人熟知的選擇外，你應該試試波蘭本土的速食店 NORTH FISH。餐廳標榜餐點都是採用新鮮海鮮製成，更天然鮮美，除了漢堡、薯條，還有魚排、海鮮湯、捲餅、沙拉等不同的選擇，讓速食的負擔少一點，健康多一點；其中，他們的海鮮湯會讓人想一碗接一碗，實在鮮甜好喝啊！

數量多且方便

▶快速超市Express Market

台灣常見的便利商店，在波蘭沒有那麼常見，取而代之的是介於超市與便利商店之間的快速超市 (Express Market)。最大宗連鎖店就屬家樂福與波蘭品牌Żabka，在超市裡可以買到三明治等主食類麵包，還有許多歐式乳製品飲料，如果來不及用餐，想買個三明治、麵包帶著走，或當做早餐，都相當方便。

▶啤酒店、冰淇淋店 大受歡迎

走訪華沙或克拉科夫老城區，三不五時就會碰到一家路邊啤酒店，或是冰淇淋(Lody)專賣小店，由於波蘭是農業大國，冰淇淋又是道地奶製品，因此口感香濃，價格合理，炎炎夏日波蘭人特別愛吃冰淇淋消暑。

波蘭人也相當喜愛喝啤酒，除了超市裡一字排開的超多選擇啤酒品牌，路邊也常見到安裝啤酒水龍頭的啤酒專賣店。

另外，喜愛夜生活的人別錯過首都華沙的酒吧，這些酒吧主要集中在新世界街(Nowy Świat)和Foksal Street的巷弄裡，價錢絕對是比台灣便宜的「佛心價」喔！

行家分享 Point

景點區餐廳少地雷

享受美食絕對是出國旅行的一大樂趣之一，但旅客通常會避開觀光區的餐廳，一來怕貴，二來怕踩到地雷，不過到波蘭觀光可以少掉這層顧慮。由於波蘭的觀光化程度不像西歐國家那麼深，當地遊客量不像英、法、義大利那樣「如過江之鯽」，因此即使是景點區的餐廳，收費都頗為公道，餐點口味也有相當不錯的水準。

在華沙舊城區有多家連鎖的Zapiecek餐廳，專售波蘭家常菜，包括餃子、豬腳、香料茶等等，價位也實十分合理，用餐時間還得排隊入場。另外，蕭邦博物館對面的Tamka 43西餐廳，曾被米其林、波蘭美食雜誌選為推薦餐廳，餐廳內的蛋糕下午茶精巧又不貴，一杯飲料加一片蛋糕折合台幣200元有找，實在是很划算的享受。

如果是波蘭以外的城市，在觀光區附近的餐廳更是價格實惠，服務細緻，走高檔路線的餐廳，一個人吃下來才台幣600～700元左右。因此，在波蘭旅行時如果想祭五臟廟，看到喜歡的餐廳，別擔心，就大膽走進去冒險吧！

波蘭之旅輕鬆 Go

5天歷史之旅

Day1 華沙：舊城區、新城區、維拉諾夫宮
Day2 華沙：波蘭猶太歷史博物館、華沙起義博物館、瓦津基公園
Day3 克拉科夫：舊城區、瓦維爾、卡茲米爾猶太區
Day4 克拉科夫：Podgórze、辛德勒工廠、維利奇卡鹽礦
Day5 克拉科夫：奧斯威辛集中營

5天城市漫遊之旅

Day1 華沙：文化科學宮、舊城區、新城區
Day2 華沙：華沙起義博物館、瓦津基公園、市中心散步
Day3 克拉科夫：舊城區、瓦維爾、卡茲米爾猶太區
Day4 克拉科夫：辛德勒工廠、維利奇卡鹽礦
Day5 克拉科夫：奧斯威辛集中營

7天歷史之旅

Day1 華沙：舊城區、新城區、維拉諾夫宮
Day2 華沙：波蘭猶太歷史博物館、華沙起義博物館
Day3 克拉科夫：舊城區、瓦維爾、卡茲米爾猶太區、Podgórze
Day4 克拉科夫：奧斯威辛集中營、維利奇卡鹽礦
Day5 波茲南：舊城區、馬爾他湖
Day6 托倫：舊城區
Day7 格但斯克：舊城區、二戰博物館

波蘭腹地廣大，如果旅遊時間有限，建議火力集中華沙與克拉科夫兩大觀光重點城市；若有一週以上的充裕時間，就可以擴大範圍，加入波茲南、托倫、格但斯克等其他城市的旅行。

7天城市漫遊之旅

Day1　華沙：文化科學宮、舊城區、新城區
Day2　華沙：華沙起義博物館、瓦津基公園、市中心散步
Day3　克拉科夫：舊城區、瓦維爾、卡茲米爾猶太區
Day4　克拉科夫：辛德勒工廠、維利奇卡鹽礦
Day5　波茲南：舊城區、馬爾他湖
Day6　托倫：舊城區
Day7　格但斯克：舊城區、索波特、格丁尼亞

10天歷史之旅

Day1　華沙：舊城區、新城區、華沙大學圖書館
Day2　華沙：波蘭猶太歷史博物館、維拉諾夫宮、瓦津基公園
Day3　華沙：華沙起義博物館、薩斯基公園、文化科學宮
Day4　克拉科夫：舊城區、瓦維爾、卡茲米爾猶太區
Day5　克拉科夫：Podgórze、辛德勒工廠、維利奇卡鹽礦
Day6　克拉科夫：奧斯威辛集中營
Day7　波茲南：舊城區、馬爾他湖
Day8　托倫：舊城區
Day9　格但斯克：舊城區、二戰博物館
Day10 格但斯克：歐洲團結工聯中心與紀念碑、馬爾堡／索波特、格丁尼亞

10天城市漫遊之旅

Day1　華沙：舊城區、新城區、華沙大學圖書館
Day2　華沙：維拉諾夫宮、瓦津基公園、文化科學宮、市中心散步
Day3　華沙：華沙起義博物館、薩斯基公園、蕭邦博物館
Day4　克拉科夫：舊城區、瓦維爾、辛德勒工廠
Day5　克拉科夫：卡茲米爾猶太區、維利奇卡鹽礦
Day6　克拉科夫：奧斯威辛集中營
Day7　波茲南：舊城區、馬爾他湖
Day8　托倫：舊城區
Day9　格但斯克：舊城區、索波特、格丁尼亞
Day10 格但斯克：歐洲團結工聯中心與紀念碑、馬爾堡

波蘭超好購

初次到波蘭的人，通常不會將購物列入觀光行程，但是如果你真的這麼安排，回國後一定會非常扼腕！因為在波蘭購物真的好好買，不論是路邊小店，或是全球品牌齊聚的大商場，絕對都能讓你找到價格令人心儀的心頭好，買到走不出店家！

波蘭瘋購物　　　　　　　　　　P.46

藥妝店全攻略　　　　　　　　　　P.47

波蘭特產熱搜　　　　　　　　　　P.54

璀璨琥珀選購停看聽　　　　　　　P.57

波蘭瘋購物

物價好親切

　　相對歐洲其他國家來說，波蘭的物價可以說是非常親民，從國民所得來看，根據波蘭統計局資料，2018年波蘭平均薪資稅後是5,275PLN，以兌台幣8.2元計算，約新台幣43,200元，就算以台灣人的角度來看，波蘭的物價相當親切好買的！

價格實在的波蘭傳統市場

超市賣的茶包，價格令人心動

定價就是便宜

　　因為波蘭的物價便宜，很多國際或歐洲大廠的商品，在波蘭銷售的定價比起西歐其他國家便宜，更別說與台灣相比，除了給代理商賺，再加上進口稅金，價格比起波蘭通常都是「貴鬆鬆」。

波蘭藥妝店的保養品，種類齊全價格實惠

　　和西歐一樣，在波蘭購物，別忘了享受外國旅客的退稅優惠，讓你買得更超值；波蘭增值稅通常分成三大部分：一般稅率23%、食品藥物8%、農產品工藝品5%，外國旅客只要經過申請，最多可以退回16.5%稅金。因此，購物退稅絕對是在波蘭消費的樂趣之一。

　　不過要特別注意，波蘭退稅最低金額為單一店家200PLN，門檻不高，但一定要超過才能填單申請退稅。

　　波蘭屬於歐盟國成員，許多日用品、衣服等製造地都是歐洲國家，一般日用品店常現產地為波蘭、德國、英國、歐盟的商品，價格又比台灣親切許多，你說，能不買嗎？

波茲南有名的老啤酒廠商場

藥妝店全攻略

　　來波蘭，很多女生可能以為無法享受如在法國或英國藥妝店大肆採購的樂趣，別忘了，「愛美」是女生的天性，波蘭女孩當然也不例外。這邊的藥妝店可是能讓你逛到走不出去、買到手軟。如果在春季造訪波蘭，還能享受化妝品5折的大特價！

行家分享 Point

一罐台幣100～200元的保養品，根本是佛心價

不可不知「APTEKA」

在波蘭城市一定會常見到這個字，代表「藥局」之意，除了藥品，這裡可以買到一些歐洲的護膚保養品牌，如理膚寶水、雅漾等等，但種類不如藥妝店來得多，若要買藥品就應該找「APTEKA」。

各家藥妝店的DM

有寫APTEKA的就是藥店

女生限定！波蘭藥妝店四美

走在波蘭，最常看到的4家連鎖藥妝店，分別是來自德國的ROSSMANN、在各大賣場都能見到分店的SUPER-PHARM，還有專攻獨家品牌產品的hebe，以及多方引進草本、有機品牌的Natura。

ROSSMANN

必購好物：德國品牌

隸屬屈臣氏集團的德國藥妝店ROSSMANN，為歐洲最大藥妝連鎖店之一，1993年正式進軍波蘭市場，目前在波蘭分店已經超過上千家，不論是在大賣場或是街邊店面，都很容易見到ROSSMANN的店鋪。

ROSSMANN最大的特色為商品多樣又便宜，德國品牌更是ROSSMANN的強項，而ROSSMANN也與屈臣氏一樣，大推自有品牌策略，目前推出超過萬種自有品牌產品，售價比起市場品牌的產品便宜許多。

ROSSMANN店門口

店裡有許多針對不同年齡推出的保養品

hebe常常會推出彩妝與保養品特價優惠

在街邊的hebe

hebe

必購好物：歐美比較不常見的品牌

hebe算是波蘭美妝品牌的後進者，所以門市相較ROSSMANN和SUPER-PHARM少。但是hebe表現相當積極，除了引進歐洲特色商品之外，還能在店裡找到美國、加拿大，甚至亞洲人氣的保養品，價格也相當實惠，如果想要挖寶，來hebe是很不錯的選擇。而且hebe很喜歡推出類似台灣屈臣氏加1元多1件的活動，如果你是hebe的會員，還能享有專為會員推出的超級大折扣唷！

SUPER-PHARM

賣場裡的SUPER-PHARM店門口

必購好物：歐洲藥妝品牌、藥品

　　SUPER-PHARM是以色列第一大醫藥連鎖店，2001年正式進軍波蘭市場，目前在波蘭擁有40家分店，是波蘭各大賣場必備的連鎖藥妝店。如同SUPER-PHARM的店名以「PHARM(藥品)」為特色，門市內比較特別的是有附設藥局，藥品種類與醫美品牌比起ROSSMANN更齊全，像是台灣人熟悉的雅漾、理膚寶水等歐洲大品牌都能在SUPER-PHARM找到，而且時常推出促銷折扣。萬一你在波蘭突然遇到身體不適，需要購買成藥，SUPER-PHARM是很好的選擇。

　　如果需要在藥妝店大採購或在波蘭停留時間比較長，建議可以透過網路或直接在店面申辦SUPER-PHARM會員，還能享有會員特別折扣。

SUPER-PHARM的DM

Natura

必購好物：草本、有機保養品

　　Natura在波蘭同樣是很常見的藥妝店，店裡除了販賣常見的保養品牌、歐洲彩妝之外，Natura還有不少草本或是有機品牌產品，包括身體乳、沐浴鹽、護膚霜、護手霜、香皂等多種品項，很受波蘭人喜愛。

Natura門市

強調100%天然的產品

一定要買的本土保養品

波蘭本土保養品牌在全球擁有頗高的知名度，而且保養品主要以草本、天然、無添加等特色為訴求，對於近年飽受空汙影響的台灣來説，這類保養產品剛好能緩和受空汙影響的受傷肌膚，加上親切的售價，讓人不買也難，來波蘭別忘了留意這些CP值超高的保養品牌。

Dr Irena Eris

標榜高品質的波蘭醫美品牌，在波蘭國內還擁有自己的護膚中心、科學研究中心、SPA旅館等，產品線除了受到波蘭本國人喜愛，也外銷歐洲與國際，在華沙蕭邦機場的免稅商店有設櫃。因為走高品質路線，產品價位平均偏高，通常300～400PLN起跳，不過相較台灣一些天價的進口保養品，Dr Irena Eris價錢還是算很親切的。

Lirene

Dr Irena Eris的副牌，產品訴求主要是針對年輕肌齡的女孩所開發設計的，因此價格也比較親民，大約20PLN就可以買到不錯的產品，現在也有許多適合熟齡肌使用的產品。

價格親民，專攻年輕肌膚市場的Lirene保養品

DERMEDIC得美媞

美妝部落客推薦、CP值很高的波蘭前三大醫美品牌，品質不輸給歐洲其他知名大廠。DERMEDIC是由波蘭成立超過65年的BIOGENED製藥公司所研發

各式不同的DERMEDIC產品

的全系列保養品牌，並強調是由專業皮膚科醫師與生物學家，針對不同膚質研發的各系列保養品，在波蘭超過1,000個實體通路都有販售。

DERMEDIC主打波蘭溫泉水、RO逆滲透純水、玻尿酸、亞麻籽、三胜肽等天然而且有效的保養成分，最特別的是保養品裡使用的溫泉水基底，是來自波蘭中部溫泉小鎮波德登比采(Poddębice)的泉水，該區泉水擁有1億4,000萬年的歷史，為了確保保養品的獨特性，波德登比采小鎮的溫泉水只提供給DERMEDIC研發使用。

溫和的臉部肌膚清潔液

ziaja齊葉雅

　　成立於1989年，是波蘭第一大保養品品牌，説是波蘭國民品牌也不為過。ziaja強調產品所使用的水，是來自於無汙染的生態保護區內，保養品不添加防腐劑、不做動物實驗，就算是敏感肌膚也能使用。

強調敏感肌膚也能安心使用的ziaja抗老晚霜與護髮霜

Bielenda碧爾蘭達

　　Bielenda是波蘭平價的天然保養品牌，號稱是波蘭最早訴求天然植物配方的保養品公司，商品不會做動物實驗，也不添加人工合成化學原料，在波蘭還擁有專業的醫美度假中心，該品牌在台灣設有專櫃。

　　Bielenda旗下有相當多保養系列，從臉部保養到美體、美髮等，產品一應俱全，而且還有針對不同肌膚需求，推出抗敏、保濕、抗乾燥、修護等不同功能的保養品。

價格超值的Bielenda，產品相當齊全

EVELINE

　　推出許多滋潤、抗皺、抗老的熟齡肌專用保養品，價錢非常親切，豪華緊膚霜只要30PLN。另外，EVELINE的肌膚緊實霜也是相當熱門的產品，各藥妝店與賣場都買得到，小仙仔自己就敗了好幾條美體霜回來。價格親民，效果讚，用過之後絕對會納入回購的商品清單。

EVELINE的修護抗老系列

GREEN PHARMACY 草本肌曜

　　GREEN PHARMACY是波蘭elfa藥廠旗下的保養品牌，成立於2011年，在波蘭、烏克蘭、捷克、斯洛伐克等歐洲國家均設有重要據點及生產工廠。GREEN PHARMACY強調所開發的全產品，是採用最新科技結合天然草本植物及古老中藥草相關配方，以天然植物萃取製成高品質的保養品，而且皆不做動物測試、不含動物性原料，更不使用各種對肌膚有害的防腐劑、界面活性劑及人工色素。

不論是護手霜或潔膚液都強調全草本生產

作者大推的波蘭保養品

EVELINE美體霜

　　去波蘭必買的美體霜，選擇種類超齊全，有的強調能發熱雕塑，有的帶有磨砂效果，重點是一條不用台幣150元，有時候遇到特價，一條只要13PLN，真的很想全部都打回家！

　　如果系列太多看不懂波蘭文，可以請店員介紹，或是選上面有貼「nr1」推薦貼紙的那一罐，就保證沒有地雷，超級好用。

親自使用後覺得很棒的波蘭左旋C品牌

液狀的左旋C

桃紅色的包裝非常吸睛

中間金色瓶除了雕塑，還有磨砂成分，用完讓肌膚水嫩好摸

左旋C

　　左旋C在台灣的售價都不便宜，但是波蘭的左旋C保養品選擇多，價格又只有台灣的一半不到，非常划算。而且絕對不會因為價格便宜而不好用，相反的，不論是左旋C的質地或使用感覺都很優，來到波蘭真的值得敗幾瓶回台灣，不妨多試幾種不同的牌子。

護膚油

　　雖然SORAYA不是波蘭的品牌，但它的系列產品在波蘭藥妝店的價格相當親切，護膚油可用在臉部、身體護膚、頭髮保養，一瓶用途多多。

一瓶萬用的保養油，在波蘭可以用親民價購入

美髮油

　　美髮油對於台灣女生一定不陌生，波蘭藥妝店的品項與品牌選擇超級多，產地都在波蘭或歐洲，價格比台灣更便宜，看了就讓人很心動。

施華蔻與潘婷的美髮油

保養品單字表

逛波蘭藥妝店絕對是旅遊的一大樂趣，不過保養品上面幾乎都是印波蘭文，看不懂怎麼辦？別擔心，這裡替大家整理出常見的波蘭藥妝單字。

不同膚質肌	
一般肌	skóra normalna
乾性肌	skóra sucha
油性肌	skóra tłusta
敏感肌	skóra wrażliwa
混和肌	skóra mieszana
各種肌膚適用	każdy typ cery
臉部肌膚適用	cera

保養類型	
臉部保養品	pielęgnacja twarzy
日霜	krem na dzień
晚霜	krem na noc
乳液	mleko do twarzu
保濕產品	nawilżający tonik
眼霜	krem pod oczami

洗臉卸妝產品	
洗面乳	żel do mycia twarzy
卸妝乳	mleczko do demakijażu / mleczko micelarne
保濕卸妝水	nawilżający płyn micelarny
眼唇卸妝水	micelarny płyn do demakijażu oczu i twarzy
眼部卸妝油	płyn do demakijażu oczu dwufazowy
清潔	oczyszczenia

基礎功效	
保濕	nawilżający
加強保濕	intensywnie nawilżający
不含酒精	nie zawiera alkoholu
無香味	bezzapachowy
溫和的	łagodny

特殊護理	
舒緩肌膚	łagodzenie skóry
滋養肌膚	odżywienie skóry
控油	matowanie/matujący

抗老緊實	
撫平皺紋	wygładzenie zmarszczek
減少皺紋	redukujący zmarszczki
加強緊實	ujędrniająco-wzmacniający
抗皺、抗氧化	przeciwzmarszczkowo-antyoksydacyjny
淡化黑眼圈	rozjaśniający cienie

波蘭特產熱搜

琥珀

波羅的海一帶是全球著名的琥珀產區，也因此讓波蘭成為全球主要的琥珀產地之一。而波蘭北部城市格但斯克，更被視為世界琥珀的文化中心，自古以來，格但斯克就是世界琥珀的集散地，不僅產量豐富，也吸引許多手藝精巧的琥珀工匠聚集在格但斯克。除了格但斯克，首都華沙同樣也有不少做工與設計精美的琥珀店家，就算不買純欣賞，也能讓逛街成為種享受。

波蘭是全球琥珀產量最大的國家，在波蘭常能見到許多琥珀專賣店

波蘭的琥珀常見到色澤澄黃透亮的花珀、金珀、蟲珀與蜜蠟，搭配銀飾做成各式項鍊、手

被波蘭視為珍貴的琥珀，色澤、造型繁多

環等飾品，不少琥珀店也會展示出用琥珀拼出的船隻、檯燈等裝飾品，大家可以依據自己喜好來選擇。不過記得要在具有公信力的店家選購，最好是經由波蘭琥珀業商會(Krajowa Izba Gospodarcza Bursztynu)，或是國際琥珀協會(International Amber Association)認證的店家，避免買到假貨。

波蘭陶瓷

以藍白雙色為基調、花紋華麗繁複的波蘭陶器，是非常著名的手工瓷器，主要使用博萊斯瓦維茨地區(Bołeslawiec)生產的白土為材料，再經過1,250度以上的高溫燒製而成，保溫效果非常好。

波蘭陶瓷不只花色獨具一格，上面的花紋也大有來頭，是採用波羅的海流傳百年的古老製法，以海綿製成的圖章壓印而成。如果陶瓷作品是出自大師之手，底部還會刻印上製作工匠的名字呢。

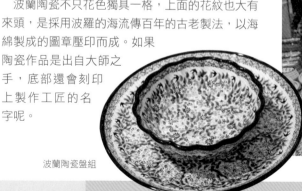

波蘭陶瓷盤組

各式各樣的波蘭陶瓷

機場商店有販售各品牌的波蘭伏特加

伏特加

說到伏特加，大家腦海中第一個浮現的國家通常是俄羅斯，但這點可是讓波蘭人相當不服氣！根據歷史文獻，「伏特加」一詞最早出現在1405年的波蘭法院文件中，而非俄羅斯，全球第一個伏特加製造工廠也在波蘭，因此，波蘭伏特加在全世界享譽盛名，被視為世界最高的等級之一，口感上也與俄羅斯伏特加有所不同。

波蘭的伏特加等級在全球可是數一數二

波蘭的伏特加在原料上通常使用裸麥，再來是馬鈴薯，這和俄羅斯以小麥為主的伏特加就非常不同，因此，波蘭的伏特加口感更奔放、新潮(非傳統風味)，還有波蘭酒廠使用裸麥、馬鈴薯、小麥這3種原料，調製出口感平衡又獨特的伏特加。

波蘭有名的伏特加品牌包括BELVEDERE(雪樹)、Chopin(蕭邦)、Spirytus Rektyfikowany Rectified Spirit(生命之水)，在機場免稅店都能找得到。

薑餅

發源於波蘭中部古城托倫的薑餅，可說是波蘭人的驕傲。由於托倫在中世紀是歐洲著名的商業都市，很多中東與東方的香料都會經由此地集散後，再傳入歐洲其他國家。因此，當地人將這些珍貴的生薑、荳蔻、胡椒、肉桂、蜂蜜等香料，製成風味特殊的薑餅，並送到皇室作為貢品。

托倫名產薑餅伴手禮

裝飾用的薑餅

木雕製品

走在華沙或是克拉科夫舊城區，常會見到當地小販販售各式各樣的木雕製品，像是花紋華麗的木盒子、可愛的木製房屋擺飾、木頭小人偶等等，種類繁多，一定能找到自己喜愛的木製小物。

手工製的木雕小盒子

小仙仔就對波蘭的木製小盒子情有獨鍾，不僅盒子有各種顏色與造型，做工也相當精美，如果預算足夠，還有款式更大、花紋更複雜的木雕盒子。

可愛的歐洲野牛木雕

波蘭蜂蜜好吃又便宜

蜂蜜

　　蜂蜜是波蘭家庭餐桌上很常見的食品，由於波蘭有廣大的森林腹地，盛產不同風味的蜂蜜，如果幸運遇到波蘭的露天市集，很有機會在市集中看到特殊風味的蜂蜜，像是刺槐、菩提樹，甚至覆盆子蜂蜜，有的蜂蜜裡還附上一整塊蜂巢呢。

　　要是沒能逛到傳統市集也無妨，超市賣的蜂蜜口味就已經夠讓人眼花撩亂了，而且價格親切。有的蜂蜜色澤較深、較濃稠，有的則是色澤清透，還有的蜂蜜上布滿結晶，選購時真希望能全部帶回台灣！

在波蘭早餐吃優格加蜂蜜，真是一大享受

茶葉

　　波蘭人是一個非常愛喝茶的民族，甚至超越對咖啡的喜愛，根據調查，波蘭人平均每人每天泡2～3次茶，但喝咖啡的次數一天有時只有1次。因此，到超市可以見到琳瑯滿目的茶葉商品，除了大家熟知的伯爵、英式茶這些選擇，還有荔枝茶等特殊的水果茶呢！

波蘭居然有連台灣都沒有的芒果茶

荔枝茶是不是很特別呢

蜂蜜酒

　　除了蜂蜜之外，波蘭產的蜂蜜酒也聞名全球，其歷史可追溯至1,000年前之久。蜂蜜酒在波蘭曾被視為非常珍貴的飲料，在中古世紀時只有波蘭皇室、貴族能享用，直到16、17世紀之後才普遍傳到民間。

皮製品

　　波蘭的皮革製品品質佳、價格實惠，當地皮製品售價常是台灣的一半，甚至不到。在波蘭如果看到令你心動的皮件製品，別猶豫，趕快下手吧。

波蘭的皮製品造型高雅又不貴

璀璨琥珀選購停看聽

波蘭為全球主要琥珀產地之一，又被稱為波蘭的黃金，是波羅的海最古老也最昂貴的出口寶石，主要成分是松柏科樹脂經過地層深埋3,000萬～6,000萬年所形成的有機寶石。

在波蘭從路邊小攤販到高檔的琥珀專賣店，都能見到各式美麗的琥珀飾品，想買，又怕買貴、買錯，究竟該怎麼挑選？要如何保養？

各式各樣的美麗琥珀

一般人認知裡的琥珀，是澄黃色帶著金色紋路的寶石，若是整個為乳濁不透明的琥珀，則是華人熟知的「蜜蠟」，同樣也是琥珀的一種。整體來說，全球各產地形成的琥珀成分不太相同，目前全球主流的琥珀分類方式，主要還是以色澤、透明度、顏色、內容物等差異來區分類型。波蘭主要常見的琥珀種類如下：

花珀

多種顏色混和，色澤多樣的琥珀，裡面常含有如圓盤狀亮片般的琥珀花。由於琥珀中的內含物十分瑰麗，是常見且廣受喜愛的琥珀種類。

血珀

色澤如葡萄酒的暗紅色琥珀，用燈光照射打亮會呈現亮紅色。

藍珀

比較少見的高檔琥珀種類，是珠寶業界公認的「琥珀之王」，具有強烈螢光特性，肉眼看上去類似淡黃色，如果使用光照後會呈現明顯的藍色螢光反應。

金珀

　　波羅的海產量最多的琥珀類型之一，外型非常討喜，整個琥珀為透明的金黃色質地，最好是濃郁純淨的黃色或金黃色。

前排左4、展示台最高的那一顆即是金珀

蟲珀

　　琥珀內包有植物、昆蟲，通常價格依昆蟲的種類、大小而有所不同，也是屬於少見且貴重的琥珀。

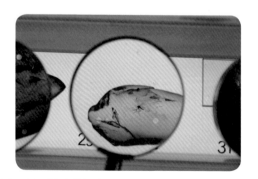

蜜蠟

　　外觀為不透明、鵝黃色蠟質光澤的琥珀，華人稱為蜜蠟，也是琥珀的一種，主要以黃色系為主，棕紅色系蜜蠟較為少見。

選購琥珀小撇步

買琥珀最重要的就是找有信譽的商家，避免買到假貨，所謂的假琥珀，是指使用琥珀礦砂經過熔融、壓合、加工、烤色的再生琥珀或壓熔琥珀，或是在地底形成時間不足的柯巴樹脂。至於琥珀的種類與造型，可以依照自己的喜好挑選。

挑種類

波蘭常見的琥珀有金珀、花珀、蟲珀、蜜蠟等不同種類，價格也會因為琥珀種類不同而有所差異。

選店家

為了避免買到琥珀仿品，除了貨比三家，最好選擇具有規模，而且最好是經由波蘭琥珀業商會(Krajowal zba Gospodarcza Bursztynu)，或是國際琥珀協會(International Amber Association)認證的店家，並索取證書。

重保養

琥珀屬於有機寶石，莫氏硬度只有2～3，對待琥珀要相當溫柔，購買後一定要避免刮、磨、撞、日曬與溫泉，平時建議以密封袋裝好收藏，清潔則絕對不能使用化學性清潔劑，才能讓琥珀永保美麗。

1.手環造型的琥珀也很受歡迎／**2.**挑選有信譽的商家很重要／**3.**華沙的琥珀店MK JUBILER SHOP

城市漫遊　　　　　　　　　　　P.63
如何到華沙　　　　　　　　　　P.66
華沙市區交通　　　　　　　　　P.68
市中心　　　　　　　　　　　　P.70
舊城區　　　　　　　　　　　　P.78
新城區　　　　　　　　　　　　P.84
波蘭的凡爾賽宮：維拉諾夫宮　　P.92
華沙美食樂　　　　　　　　　　P.94
華沙住宿趣　　　　　　　　　　P.99

華沙

華沙
Warszawa

波蘭首都華沙，居全國政治與經濟中心的要角，整座城市散發著強韌的活力，很難讓人聯想過去的華沙，曾被命運女神遺棄，歷史帶給她乖舛命運，甚至整座城市被砲火摧殘成平地。如今，高樓櫛比鱗次、市容整齊現代的華沙現代市中心，以及二戰後靠著華沙市民一磚一瓦重建的華沙舊城區，許多具有歷史意義的建築、教堂與街道，彷彿從未受戰火洗禮，完全恢復昔日面貌。華沙擺脫過去的悲情，閃耀著重生的光芒，等待旅人發掘她最迷人多變的風貌。

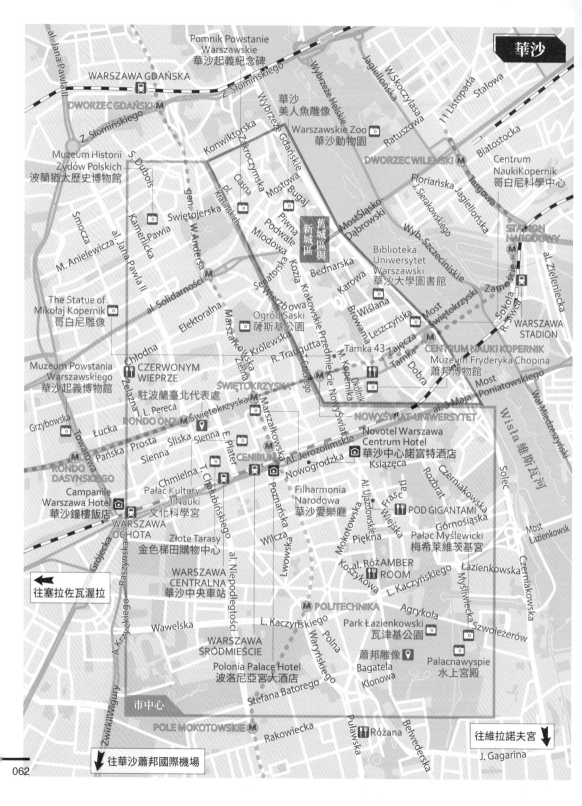

華沙

Pomnik Powstanie Warszawskie
華沙起義紀念碑

WARSZAWA GDAŃSKA

DWORZEC GDAŃSKI Ⓜ

華沙
美人魚雕像
Warszawskie Zoo
華沙動物園

DWORZEC WILEŃSKI Ⓜ

Centrum NaukiKopernik
哥白尼科學中心

Muzeum Historii Żydów Polskich
波蘭猶太歷史博物館

STADION NARODOWY Ⓜ

舊城區與新城區

Biblioteka Uniwersytet Warszawski
華沙大學圖書館

WARSZAWA STADION

The Statue of Mikołaj Kopernik
哥白尼雕像

Ogród Saski
薩斯基公園

Tamka 43

CENTRUM NAUKI KOPERNIK
Muzeum Fryderyka Chopina
蕭邦博物館

Muzeum Powstania Warszawskiego
華沙起義博物館

CZERWONYM WIEPRZE
駐波蘭臺北代表處

ŚWIĘTOKRZYSKA

NOWYŚWIAT-UNIWERSYTET

Novotel Warszawa Centrum Hotel
華沙中心諾富特酒店
Książęca

RONDO ONZ Ⓜ

CENIRUM Ⓜ

RONDO DASYŃSKIEGO Ⓜ

Filharmonia Narodowa
華沙愛樂廳

POD GIGANTAMI

Campanile Warszawa Hotel
華沙鐘樓飯店

Pałac Kultury i Nauki
文化科學宮

Pałac Myślewicki
梅希萊維茨基宮

WARSZAWA OCHOTA

Złote Tarasy
金色梯田購物中心

AMBER ROOM

往塞拉佐瓦渥拉

WARSZAWA CENTRALNA
華沙中央車站

POLITECHNIKA Ⓜ

Park Łazienkowski
瓦津基公園

蕭邦雕像

Palacnawyspie
水上宮殿

WARSZAWA ŚRODMIEŚCIE

Polonia Palace Hotel
波洛尼亞宮大酒店

Bagatela

市中心

POLE MOKOTOWSKIE Ⓜ

往維拉諾夫宮

往華沙蕭邦國際機場

J. Gagarina

城市漫遊

浴火重生的現代城市

原本為小漁村的華沙，14世紀之後開始發展得越來越繁榮，1596年波蘭國王齊格蒙特三世決定將首都，從當時的克拉科夫遷都至華沙，此舉奠定了華沙未來的發展，從政經環境、文化、科學、藝術，在遷都之後都呈現大幅度的進步。華沙是史上首位女性諾貝爾獎得主瑪麗·居禮的出生地，也是愛國音樂家蕭邦前半生居住的城市。

不過，近代的華沙命運多舛，第二次世界大戰期間，華沙先遭受納粹德國的摧殘，1944年8月華沙起義為了反抗德軍勢力，最後不幸失敗，更是讓華沙超過90%的建築物遭到摧毀，整個城市被砲火轟炸成廢墟，超過華沙總人口一半、高達20萬華沙居民在戰爭中犧牲，超過60萬人被迫離開華沙。

雖然華沙歷經二戰時期，被戰火踐踏慘重，但是戰後華沙居民僅用了5年的時間，迅速重建華沙這座都市，透過歷史照片、資料、影片、繪畫、文獻等，華沙居民一磚一瓦重建了華沙古城、教堂與廣場，也是13～20世紀建築史上不可抹滅的紀錄；華沙市民的努力，讓華沙古城於1980年被聯合國教科

過往防禦舊城北方的樓堡

文組織列入世界文化遺產。

　　如今華沙已經脫胎換骨，成為波蘭最現代繁華的都市，也是首都與政經文教樞紐。同時，在華沙能欣賞到中世紀的古城風采、19世紀的經典建築，以及蘇聯式建築文化科學宮。因此，造訪波蘭、認識波蘭的第一站，就以華沙為首選吧。

遊覽重點

　　整個華沙約為兩個台北市大，景點眾多，比較難在一天內走完，遊客可以依照自己的興趣，安排喜愛的景點。華沙旅遊區主要可以分為舊城區、新城區、市中心共三大部分。舊城區是二戰後重建的古城街道，即使如此，石板路與巷弄依舊瀰漫著濃厚的歷史風情，讓人驚嘆波蘭人的堅毅。不妨由華沙市中心通往舊城入口的城堡廣場開始探索，再一路漫步至擁有美人魚雕像的舊城廣場，四周色彩繽紛的房子，成為每個造訪華沙的遊客，絕對要拍照打卡的代表景點。

　　順著舊城區向南走到新城區，可以沿途欣賞皇家大道上的美麗景點，包括聖十字教堂、總統官邸、華沙大學等，這裡完整呈現19世紀

華沙精選經典路線

1.Muzeum Powstania Warszawskiego 06電車
2.Rondo Daszyńskiego 地鐵站

1. 步行 5 分鐘
2. 步行 6 分鐘

華沙起義博物館
(1.5小時)

總統官邸
(5分鐘)

步行約 5 分鐘

城堡廣場、皇家城堡
(1.5小時)

步行約 2 分鐘

聖約翰大教堂
(30分鐘)

華沙商業及文化中心的風貌，也是華沙最美麗的一條大道，街道盡頭是過往波蘭國王夏宮所在地——瓦津基公園。

除了舊城區，別忘了到華沙市中心一探現代化波蘭的樣貌：熱鬧的商店、繁忙的交通、櫛比鱗次的高樓大廈，證明著波蘭經濟高速發展，也是旅客血拼的好處所；另外，市中心盡立著代表波蘭共產時期的產物——文化科學宮，同樣為市中心頗具代表的景點。

如果想探索華沙市區之外的景點，首先推薦車程約半小時的維拉諾夫宮(Pałac w Wilanowie)，維拉諾夫宮的宮殿與花園，揉合了波蘭與義大利莊園的風格，還融入法國凡爾賽宮的花園特色，被譽為是17世紀歐洲最美的巴洛克式建築之一，更有「波蘭的凡爾賽宮」美名。

熱愛蕭邦的人，別錯過車程約1小時的塞拉佐瓦沃拉小鎮，這裡是蕭邦的故居，現在成為蕭邦故居博物館，若在假日時造訪，有機會聽到當地音樂會，一飽耳福。

城市漫遊

1.內部華美的維拉諾夫宮／2.假日的城堡廣場，有氣球小販的點綴，格外美麗

地鐵站 Rondo Daszyńskiego 搭乘地鐵2號線，至 Nowy Świat-Uniwersytet，步行5分鐘

步行約
5分鐘

聖十字教堂
(20分鐘)

步行約
3分鐘

華沙大學
(20分鐘)

步行約
10分鐘

步行約
2分鐘

舊城廣場
(30分鐘)

步行約
2分鐘

樓堡
(15分鐘)

如何到華沙

飛機

　　台灣並沒有直飛波蘭的航線，通常會經過歐洲轉機至首都華沙蕭邦國際機場入境，下機後有3種方式到達市區。

1.火車

　　近郊列車SKM的S2、S3，以及鐵路公司KM的KM9列車皆可搭乘，每10～30分鐘有1班車，到市中心車程20～25分鐘，單程車資4.4PLN。

2.巴士

　　在機場可選擇搭巴士至中央火車站、市中心或捷運站，175皆有到，如果要到捷運站，188、331亦可搭乘，車程約半小時；23:00之後可搭乘N32深夜巴士至華沙中央車站，上述車資單程票皆為4.4PLN。

3.計程車或Uber

　　欲搭計程車從機場到市區的旅客，建議用Uber叫車最便宜，或至機場TAXI乘車站招車，車資較入境大廳出口處的計程車公道許多。

華沙蕭邦國際機場Lotnisko Chopina w Warszawie
✉ Żwirki i Wigury 1, 00-001 Warszawa
☎ +48 22 650 42 20
http www.lotnisko-chopina.pl

從華沙蕭邦機場到市區可以搭乘火車

機場的退稅櫃台

火車

　　若要從其他都市或歐洲其他城市到華沙，列車主要停靠的大站是華沙中央車站，位於文化科學宮西側，旁邊就是捷運Centrum站，交通相當便利。華沙中央車站是首都華沙重要的現代化交通建築代表，所有火車月台都設計為地下化，地面是巨大的挑高車站大廳。

　　如果要從華沙搭乘火車，也可選擇主要的列車發車與終點車站——華沙東站，特別是如果造訪華沙時間為旅遊旺季，從華沙東站搭車通常會有位子坐，比較不容易客滿。不過華沙東站位置在市中心維斯瓦河對岸的東側，不在最熱鬧的市中心。

華沙中央車站Warszawa Centralna

✉ Al. Jerozolimskie 54, Śródmieście, Warszawa
http pkp.pl，車票查詢：intercity.pl/en

長途巴士

　　公路系統在波蘭是相當受歡迎的移動方式，也有不少選擇，像是Polski bus、Zak express等，價格較火車更便宜，但容易因為路途中的狀況，時間不如火車好掌握，建議中間行程時間可以抓鬆一點。

　　華沙主要的巴士站分成華沙西站與華沙東站，華沙西站是PKS巴士總站Dworzec PKS Warszawa Zachodnia，主要為連接華沙與波蘭各城市間的巴士，也有部分的國際巴士會以此為主要起迄站。華沙東站則是PKS Stadion巴士總站Dworzec PKS Stadium，主要的路線為波蘭東部城市以及波蘭東邊的國家。

　　除了PKS外，在捷運1號線Młociny站與Wilanowska站旁，有近年相當受歡迎的Polski Bus、FlixBus站，另外，文化科學宮前的pl. Defilad廣場，以及Mercure Warszawa Centrum飯店還有迷你巴士站，多數迷你巴士都是從這兩處發車或為終點站。

http Polski bus：www.flixbus.com/polskibus
　　Zak express：zakexpress.pl

暢遊 Tips

遊客服務中心

　　可至遊客服務中心索取旅遊資訊，包括免費地圖、導覽手冊等，讓旅客享受最在地的行程，也可以詢問交通、住宿等資訊。

http www.warsawtour.pl
☎ +48 22 635 18 81
@ info@warsawtour.pl

舊城區遊客服務中心

✉ Rynek Starego Miasta 19/21/21a
🕐 1～4月09:00～18:00，5～9月09:00～20:00，10～12月09:00～18:00

文化科學宮遊客服務中心

✉ pl. Defilad 1
🕐 1～4月08:00～18:00，
　　5～9月08:00～19:00，
　　10～12月09:00～18:00

蕭邦機場遊客服務中心

✉ Terminal A, Arrivals (ul. Żwirki i Wigury 1)
🕐 09:00～19:00

文化科學宮1樓的遊客服務中心

華沙市區交通

　　華沙的大眾交通主要分成地鐵、路面電車、公車3類，營運時間從凌晨5點至夜間11點。除了擁有方便的運輸網，對旅客最方便的是，這3種交通工具都是由華沙大眾交通系統公司ZTM經營，因此只要買同一種票即可。

　　華沙的大眾運輸售票方式，主要分成「計時」與「計區」兩大類。一般觀光客若沒有特別需求，選購計區票種時，購買Zone1(第一區)的票即可，因為華沙主要景點幾乎都在Zone1，除非要去蕭邦故居參觀，才會需要用到Zone2(第二區)的票種。

　　另外，波蘭的交通工具計票方式與台灣不同，持票後必須在第一次上車時到打票機打票，否則會被視為逃票，若被查票人員發現必須受罰。

http ZTM：www.ztm.waw.pl

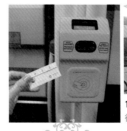

1.在波蘭搭車，上車後要記得打票／**2.**華沙的路面電車

暢遊 Tips

購票小撇步

1. 單次搭乘車票可在書報攤(kiosk)、車站售票機、車上售票機購買，如果是較舊的路面電車，車上未設有售票機，可向司機購買，但若是公車則需要透過車上的售票機買票，建議自備零錢，不能向司機購買。如果是搭乘捷運，則一定要在進站前購票。
2. 書報攤與一般售票機買的票可以不用立即使用，搭車時再打票即可。
3. 若和一群朋友去華沙，週末買團體票最優惠。

票種	區域	價格
20 分鐘票	Zone1+2	3.4PLN
75 分鐘票	Zone1	4.4PLN
90 分鐘票	Zone1+2	7PLN
24 小時票	Zone1	15PLN
	Zone1+2	26PLN
週末票	Zone1+2，週五19:00～週一08:00	24PLN
週末團體票 (5 人為乘車上限)		40PLN

購買華沙交通卡 Step by step

Step 1
選擇英文介面，再選擇左上方的「Buy Paper Ticket ZTM」。

Step 4
系統進一步詢問需要買Zone1或是Zone1+2。

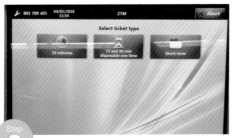

Step 2
挑選需要的時間計費車票。

Step 5
選擇全票(Standard)或是優待票(Reduced)。

Step 3
若挑選短期票券，畫面會再出現1天、3天、週末票、週末團體票。

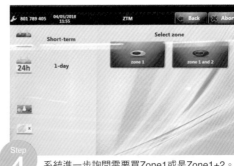

Step 6
選擇付款方式，完成購票手續。

Warsaw Pass
一票在手，玩遍華沙

在華沙旅遊除了一般的車票，也可以考慮購買針對遊客推出的「Warsaw Pass」。分成24、48、72小時票，憑票可以免費參觀許多博物館與景點，至特定餐廳用餐或入住指定飯店還有額外折扣，還有分內含交通票價與不含的組合，票價129～229PLN。

市中心
City Centre

自從脫離共產時期之後，波蘭經濟進入高速成長期，身為首都的華沙更是一躍成為境內最現代化的都市，讓旅客能從華沙市區一窺現代化波蘭的樣貌，不論是街頭熱鬧的商店、繁忙綿密的交通網路，以及櫛比鱗次的嶄新高樓建築，在在都是波蘭經濟高速發展的軌跡。

除了商業經濟的活絡，華沙市中心也有許多重要的觀光景點，包括許多國家級博物館，例如華沙起義博物館、波蘭猶太歷史博物館、蕭邦博物館等等，以及最具有代表性的宮廷園林瓦津基公園、由皇室打造的薩斯基公園，還有轟立在市中心代表波蘭共產時期的文化科學宮，在古今風華兼容並蓄之下，這些景點都成為華沙市中心重要的觀光資產。

華沙最高的建築物

文化科學宮

Pałac Kultury I Nauki

1.位於市中心，一抬頭就能看到它的存在／**2.**晚上打上不同的燈光，又是另一番風情／**3.**內部有電影院

到華沙市中心，一定無法忽視矗立在市中心的文化科學宮，就算遠在15公里外都能看到它劃破華沙的天際。這座由前蘇聯領導人史達林送給波蘭的「禮物」，不僅是史達林式建築的代表，也是史達林時代蘇聯政權掌控波蘭所留下的標記。因此，華沙市民並不喜歡文化科學宮，謔稱之為「史達林的注射器」、「俄國婚禮蛋糕」、「北京」(波蘭語Pekin)，還戲稱華沙最美的風景就在文化科學宮的觀景樓，因為唯有在此，才看不到文化科學宮本身。

不過，文化科學宮仍有它的歷史價值，這座興建於1950年代早期的歷史建築，高度達234公尺，當時僅花了3年時間就竣工，直到今天仍是全波蘭最高的建築物，裡面除了有雄偉的大廳、劇場、電影院、高達3千多個

房間，也是華沙主要的藝文展覽場地；文化科學宮裡面的大會堂和音樂廳，都是波蘭相當重要的表演廳。

遊客可搭乘電梯到位於30樓的觀景台，欣賞一覽無遺的華沙市容。不論是位於四周的商業區繁華景致，或較為遙遠的華沙舊城區，風光盡收眼底，就連更遠處的維斯瓦河(Vistula River)也能在觀景台上從高處眺望。

✉plac Defilad 1, 00-901 Warszawa ☎+48 22 656 76 00 ⏰10:00～20:00 💲觀景台全票20PLN，優待票15PLN ➡捷運至Centrum站下車，到地面即可看到 🌐www.pkin.pl/eng 🗺P.62

| Extra 小百科 |

文化科學宮與史達林的七姐妹

華沙的文化科學宮是標準的史達林式建築，結合了巴洛克式和哥德式風格，由層疊且嚴密對稱的結構組成，並揉合美國1930年代的摩天樓建築技術，外觀相當高聳。內部則充滿社會主義寫實主義(Socialist realism)的工人英雄手握大鐵錘雕像、氣派的大理石階梯、奢華的水晶吊燈，與俄羅斯莫斯科7座史達林式摩天大樓「史達林的七姐妹」(Stalin's Seven Sisters)非常相似。

「史達林的七姐妹」包括莫斯科國立大學主樓、藝術家公寓、庫德林廣場大樓、莫斯科希爾頓列寧格勒酒店、皇家拉迪森酒店、俄羅斯外交部大樓、紅門大樓，這些建築都建造於史達林執政的最後10年間。

金色梯田購物中心
Złote Tarasy

金色梯田購物中心是華沙著名的複合式商場，結合了近200家商店、餐廳、飯店、電影院等，各式國際連鎖與波蘭當地品牌應有盡有，室內寬廣的空間設計讓人逛起來相當舒服。

金色梯田購物中心是由國際知名建築事務所Jerde Partnership所設計，最著名的就是如波浪造型的玻璃屋頂，閃亮的玻璃材質與

1.金色梯田購物中心從空中俯瞰，建築設計非常具有特色(圖片提供／波蘭旅遊局)／2.華沙最知名的金色梯田購物中心

周圍的城市景觀形成特殊對比；事實上，玻璃圓頂設計主要是用來過濾陽光，冬季也能避免積雪問題。另外，整個購物中心也肩負當代公共空間用途，因此商場外的空間被設計為中央廣場和露臺，假日常見許多華沙市民聚集於此。因為金色梯田購物中心的特殊建築設計，華沙人都暱稱為「泡泡商場」。

✉ ul. Złota 59 Warszawa ☎ +48 22 222 22 00 ⏰ 週一～六09:00～22:00，週日09:00～21:00 💲 觀景台全票20PLN，優待票15PLN 🚇 捷運至Centrum站、火車至Warszawa Centralna站 🔗 zlotetarasy.pl/en 🗺 P.62

華沙起義博物館
Muzeum Powstania Warszawskiego

8月1日對華沙人而言是十分重要的日子，因為1944年的這一天下午5點，是華沙起義正式揭幕的時刻，這段為期63天反抗納粹德國的波蘭血淚史，是波蘭烈士們為了守護國家與自由而起身奮鬥的愛國故事，也提醒著波蘭人腳下踩的這片土地，是犧牲了無數先人的鮮血與勇氣才爭取而來。

在華沙起義60週年、2004年正式對外開放

的華沙起義博物館，是波蘭最受歡迎的博物館之一，館院前身是一座3層樓的有軌電車發電廠，紅色磚牆外觀充滿著時代感，讓參觀者更能感受這段浴血抗戰的血淚史。

華沙起義博物館內運用照片、影片、文物、史料、大型模型等，將63天反抗納粹德

1.二戰之後，波蘭被共產主義的蘇聯接管／2.華沙起義博物館門口／3.讓人身歷其境的展覽規畫／4.與華沙市民一同參與起義的美人魚雕像

國的起義過程做了完整的保存，也向波蘭烈士致上最高敬意。透過珍貴的歷史史料，道盡波蘭烈士奮戰過程，館內也再現當年華沙街道、市民的生活空間，對比武器、戰備、轟炸機等複製品，使人身歷其境當時的慘烈戰況。

另外，別錯過館內播放的「廢墟之城」(City of Ruins)3D微電影。電影製作人採用新的電影技術，將歷史畫面結合空拍，呈現曾是一座繁華的華沙城市被夷為廢墟的景象，令人深刻體會並感慨戰爭的殘酷。

✉Grzybowska 79, 00-844 Warszawa ☎+48 22 539 79 05 🕐週一、三、五08:00～18:00，週四08:00～20:00，週六、日10:00～18:00，週週一休館 💲全票20PLN，優待票16PLN，週日免費入場 🚍搭乘1、9、13、15、22、24、25號輕軌電車至Muzeum Powstania Warszawskiego站，捷運至Rondo Daszy skiego 🕐至少1小時 🌐www.1944.pl/en ⓘ博物館可租借語音導覽，每台10PLN，有多達22種語言可選擇 🗺P.62

Extra 小百科

華沙起義

華沙起義是第二次世界大戰中，發生於波蘭的一場慘烈戰役。該戰爭主要是波蘭地下軍希望透過起義來解放華沙，因此起身反抗當時占領波蘭的德國納粹。波蘭地下軍採取游擊的方式與德軍進行戰鬥，從起義開始到結束整整持續了63天。

不過，華沙起義最終宣告失敗。波蘭地下起義軍與華沙市民傷亡慘重，更慘的是，波蘭起義失敗後，希特勒為了報復，下令將華沙夷為平地，讓華沙超過80％的建築物遭到摧毀，整個城市被砲火轟炸成廢墟，高達20萬華沙居民在戰爭中犧牲，超過60萬人被遣離華沙。

1.遼闊的花園景觀／2.公園拱門前廣闊的勝利廣場／3.在無名戰士紀念碑站崗的衛兵

市中心的優雅花園與噴泉

薩斯基公園
Ogród Saski

薩斯基公園是華沙市歷史最悠久的公園，由波蘭國王奧古斯特二世(August II)於18世紀前期，仿照法國凡爾賽宮擴建而成，並於1727年首次開放給民眾參觀，成為全球第一個對民眾開放的公園；19世紀初期整個公園又加入英式風格。

整個薩斯基公園占地15.5公頃，公園內有許多花園與噴泉，還有蓊鬱的樹林，在春夏季繁花盛開時景色非常優美。不過，因為二戰期間薩斯基公園被戰火破壞殆盡，現今的公園面貌是二戰後所重建的。

除了公園外，薩斯基公園門口的勝利廣場上，有座紀念波蘭殉死士兵的無名戰士紀念碑，若在整點時造訪，還可以見到衛兵交接儀式。

✉Marsza kowska, 00-001 Warszawa ➡搭乘175公車至Plac Pilsudskiego站 MAP P.62、79

華沙最美麗的公園

瓦津基公園
Łazienki Królewskie

占地76公頃的瓦津基公園,被華沙人視為華沙最美麗的公園。瓦津基公園是由波蘭國王斯坦尼斯瓦夫奧古斯特所打造,隨著季節、氣候的不同,整座公園給人的感覺與景色也截然不同,加上園內的建築、藝術、人文歷史等,揉合為瓦津基公園的特殊氛圍,也是華沙市民最愛的公園綠地。

公園裡最著名的景點,以蕭邦雕像與水上宮殿最有看頭,因此瓦津基公園又被稱為蕭邦公園。每逢夏季5月中旬至9月底的週日中午12點與下午4點,在蕭邦雕像的廣場上舉辦夏季露天音樂會,吸引許多華沙人攜家帶著到此聆聽優美的音樂演奏會。

公園內擁有不同的花園與宮殿、雕像等,包括風格迥異的3座公園:18世紀的皇家公園、19世紀的浪漫公園及20世紀的現代主義公園,豐富了瓦津基公園的景色,未來還會

1.公園內到處都有雕像裝飾／2.夏季蕭邦雕像前的廣場會舉辦音樂會／3.公園內美麗的孔雀

有一座約2.5公頃的21世紀公園,目前正在設計階段。另外,公園內的水上宮殿、梅希萊維茨基宮、皇家劇院與老橘園、白舍、露天劇場、揚三世宮別斯基雕像等,每個景點都值得旅客深入探索。

在瓦津基公園裡散步,還能看到美麗的孔雀自在地漫步於公園的花叢中,成為公園中另一種特殊的風景。

✉ Agrykoli 1, 00-460 Warszawa ☎ +48 22 506 00 28
🕐 每日開放至21:00 💲 免費入場,參觀園內建築需收費
➡ 搭乘116、180號公車至Łazienki Królewskie站下車 ⧗ 至少1小時 http www.lazienki-krolewskie.pl/en MAP P.62

┃Extra 小百科┃

梅希萊維茨基宮

駐華沙友人Colin指點帶路,瓦津基公園除了是華沙市民的公園,對於華人而言,還有一個重要的歷史景點——梅希萊維茨基宮(Pałac Myślewicki)。1958年美國與中華民國維持外交關係,當時美國大使Jacob D. Beam與其口中的中共(Chinese Communist)代表王炳南在華沙會談,地點就在瓦津基公園內的洛可可新古典主義建築梅希萊維茨基宮,這座建築曾是波蘭的國賓館。

水上宮殿
Palac Na Wyspi

水上宮殿位於瓦津基公園內,而「瓦津基」在波蘭文中就是「浴室」之意,也就是說,水上宮殿以前只是國王喜愛的泡澡屋,後來才被改建成夏季宮殿,成為瓦津基公園中最美麗的建築。

不過水上宮殿於1944年秋天華沙起義時,曾遭納粹無情地破壞,自1960年才開始進行重建和修復工程;據傳水上宮殿曾經收藏超過2,000幅繪畫以及藝術品、雕像等,在藝術上有相當重要的代表意義。目前宮殿成為一座博物館,館內收藏皇室蒐集的17、18世紀繪畫、雕像等藝術作品。

從地圖上來看,水上宮殿舊建築在瓦津基公園內的河流上,的確是名符其實的水上宮殿,宮殿正前方是一大片湖景與噴泉,景色宜人,每到夏季,許多民眾都喜愛坐在湖畔欣賞美景。

✉ Agrykoli 1, 00-460 Warszawa ☎ +48 22 506 00 28 🕐 5月1日～9月30日週二～日10:00～18:00,10月1日～4月30日週二～日09:00～16:00 💲全票25PLN,優待票18PLN ➡搭乘116、180號公車至Łazienki Królewskie站下車 http www.lazienki-krolewskie.pl/en MAP P.62

1.過去被作為泡澡屋的夏季宮殿／**2.**水上宮殿前的雕像

波蘭猶太歷史博物館
Muzeum Historii Żydów Polskich

波蘭猶太歷史博物館是由波蘭猶太歷史研究院、華沙市政府、波蘭文化與國家資產部共同創立,不僅讓人能快速了解猶太歷史,更代表許多意義;首先是反映猶太人在波蘭歷史上深厚的淵源,再者,博物館館址特別選在華沙猶太族群的重要聚集地Muranów,這裡早期不只為華沙最主要的猶太區,也曾經是歐洲最大的猶太社區,但二戰時被納粹作為隔離華沙猶太人的Ghetto(貧民區)。

博物館內共分為分為八大展示廳,從猶太教的介紹、中世紀以來首批猶太人來到波蘭定居、中間歷經數個世紀的發展與動盪,到二戰時期納粹對猶太人的大屠殺,以及1989年之後猶太人重返波蘭的現代歷史,一次在八大展示廳完整呈現。

波蘭猶太歷史博物館的陳列方式非常活潑有趣,除了展出歷史文物外,還大量運用互

1.華美的猶太彩繪／2.波蘭猶太歷史博物館特殊的建築設計／3.展館動線安排很流暢／4.二戰期間猶太人顛沛流離

動式科技，精心的空間設計常能讓參觀者耳目一新，許多展示廳也特別打造成情境空間，完整呈現當時猶太人的宗教信仰、生活環境、所面臨的處境，讓人身歷其境。

　　該博物館由芬蘭設計師所設計，外觀為方形簡樸的北歐設計風格，最特別之處在於外牆藏有希伯來文與拉丁字母組成的「POLIN」，這個詞的發音與「波蘭」相近外，也有「停留此處」之意；另外，博物館外牆採用大量玻璃材質，將垂直的絲印玻璃百葉和銅質板材相結合，強化建築內部的自然採光功能。

✉Anielewicza 6, 00-157 Warszawa ☎+48 22 471 03 00 ◐週一、四、五10:00～18:00，週三、六、日10:00～20:00，週二休館 💲全票25PLN，優待票15PLN，週四免費入場 ➡搭乘111、180號巴士至Nalewki Muzeum站；也可搭乘18、15、35號輕軌至Muranów站，或是17、33號輕軌至Anielewicza站 ⏳至少2小時 http www.polin.pl/pl ❓博物館可租借語音導覽 MAP P.62

Extra 小百科

波蘭與猶太歷史密不可分

　　自從10世紀波蘭王國創立後，波蘭便以包容接納的態度面對猶太人，可說是全世界第一個接納猶太人的國家，因此，波蘭曾經擁有全球最多、最活躍的猶太群體。二戰之前，華沙市民中有高達3成是猶太人，但受到二戰納粹對猶太人的大屠殺迫害之下，波蘭猶太人僅有1/12逃過劫難存活下來，而且多數人選擇遠走他鄉另起生活。

　　如今，波蘭已不再是最多猶太人的國家之一，但是這塊土地上深厚的猶太歷史，深深地將波蘭與猶太綁在一起。想要了解波蘭文化，一定少不了猶太文化這一塊拼圖，而華沙的波蘭猶太歷史博物館，絕對是一個讓人能快速了解猶太文化的最佳去處，也是喜愛波蘭文化的人必去的博物館，非常推薦安排至少2小時的參觀之旅。

舊城區
Stare Miasto

華沙舊城區承載了見證華沙興衰的歷史，二次世界大戰時，超過8成的舊城區建築物遭到戰火摧殘夷為平地，為了讓華沙市民能重返家園，現今大家所看到的華沙舊城區，全部是戰後1948~1953年間，由波蘭人靠著堅毅的決心，透過歷史相片、繪畫、電影等史料，一磚一瓦重建而成。

如今，不論是漫步在熱鬧的城堡廣場，或是廣場中央有美人魚雕像的舊城廣場，實在令人難以想像此處在1944年曾為斷壁殘垣。

正因為波蘭人展現出高度的韌性與毅力，雖然華沙舊城區經過重建後已不是古蹟，重建至今也不到百年的時間，但是聯合國教科文組織依然將整個華沙舊城列入世界文化遺產。

聖約翰大教堂
St. John's Cathedral

　　興建於14世紀的聖約翰大教堂，是一座哥德式風格的建築，其磚紅壯麗的外觀為教堂的一大特色。17世紀波蘭首都從克拉科夫遷都至華沙後，聖約翰大教堂成了國王的教堂。這裡舉行過皇家婚禮、加冕儀式等重要活動，是華沙最古老而且最重要的教堂，為華沙的3座主教座堂之一，目前亦是天主教華沙總教區的主教座堂。

　　事實上，聖約翰大教堂經過多次修建，建築風格也隨之歷經多次轉變；14世紀建造完成時為哥德式造型，到了19世紀，又以英國新哥德式風格重建了一番。直到華沙起義，教堂被德軍徹底摧毀，戰後進行教堂重建時，除維持其哥德式風格，也以「馬索維亞哥德式」稱之。

✉ ul. Kanonia 6, 00-278 Warszawa ☎ +48 22 831 02 89 ⏰ 週一〜六07:00〜20:00，週日07:00〜22:00 💲 地下聖堂5PLN，優待票3PLN ➡ 搭乘公車116、128、175、178、180、222、503號公車，在Plaz Zamkowy 站下車，步行約5分鐘 🌐 www.katedra.mkw.pl 🗺 P.79

聖約翰大教堂是天主教華沙總教區的主教座堂

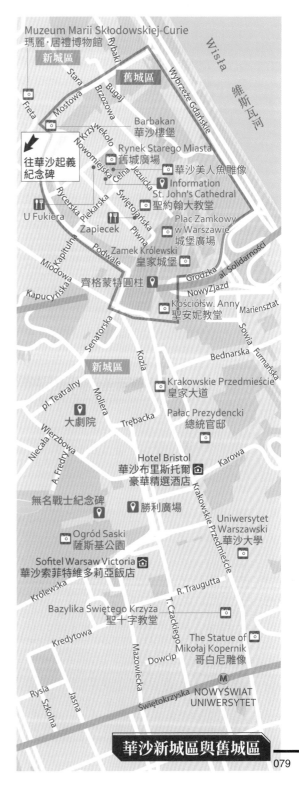

美人魚代表了華沙精神

舊城廣場
Rynek Starego Miasta

美麗的華沙舊城廣場，在15世紀時是華沙市政廳的所在地，直到18世紀都是華沙主要的廣場；如今，舊城廣場成了華沙市民喜愛且最具代表的廣場之一，假日時，可以看到許多藝術家將作品展示在廣場上，吸引民眾駐足，廣場周圍也有許多人氣餐廳，增添舊城廣場的人氣。

不過站在廣場上，很難讓人聯想到舊城廣場在二戰後曾被炸為廢墟。靠著華沙市民堅忍的毅力與愛國的心，透過繪畫、照片、史料等，重建了整個舊城廣場與舊城區。

另外，廣場中間手拿盾牌與寶劍的美人魚雕像，是波蘭著名女雕塑家盧德維卡・尼茨霍娃的作品，也是華沙市的精神代表，亦為華沙的市徽。

✉ Rynek Starego Miasta,00-001 Warszawa ➡ 搭乘公車116、128、175、178、180、222、503號公車，在Plaz Zamkowy站下車，至城堡廣場後再向步行約5分鐘 MAP P.79

1.美人魚是華沙市的精神代表／2.舊城廣場成為華沙市民喜愛的廣場之一

Extra 小百科

美人魚傳說

關於美人魚有不少傳說，其中一個為很久很久以前，美人魚都會游上華沙的維斯瓦河休息，由於美人魚擁有迷人的美貌與優美的歌喉，漁民都被美人魚所吸引，但也因此讓邪惡富商動了壞念，將美人魚囚禁起來，打算以此來斂財。所幸當時一位勇敢的漁民挺身相救，才讓美人魚重獲自由，回到維斯瓦河。

為了表達感謝之情，美人魚承諾從此以後會保護華沙所有的漁民，也就是華沙市民，因此成了華沙的精神代表。

2

1.入夜的城堡廣場／2.街頭藝人在廣場上與民眾同歡／3.城堡廣場上的馬車

遊覽舊城區的人氣起點

城堡廣場

Plac Zamkowy w Warszawie

城堡廣場是從華沙市中心通往華沙舊城的主要入口，可說是每位遊客來到華沙舊城區，第一個認識的景點，也是探索舊城區的起點，與典雅的皇家城堡毗鄰。不論何時來到城堡廣場，都能見到小販、當地居民，遊客齊聚在此，相當熱鬧，假日時還會有街頭藝人在此表演。

城堡廣場上最顯而易見的，是轟立著一根高22公尺的齊格蒙特圓柱(Kolumna Zygmunta)，上方的雕像正是將波蘭首都定在華沙的波蘭齊格蒙特三世·瓦薩國王。1596年齊格蒙特三世決定將首都，從當時的克拉科夫遷都至華沙，此舉奠定了華沙的發展，對華沙市民來說相當具有代表意義。

關於齊格蒙特的雕像有一個傳說，國王一手持有寶劍，一手握著十字架，傳說若是國王手中的寶劍落下，華沙也會隨之殞落。而圓柱於二戰華沙起義時遭攔腰炸斷，但國王的雕像卻奇蹟地完整保留下來，直到戰後4年，華沙市民重新打造了一根新的石柱，齊格蒙特雕像才又被重新安置於此。

除了石柱外，廣場旁的建築也多在二戰時期被炸毀，皇家城堡也無一倖免，直到戰後附近的城堡、建築才由華沙市民一磚一瓦重建而成，成為今天大家所見到的皇家城堡。

✉Plaz Zamkowy, 00-277 Warszawa 🚌搭乘公車116、128、175、178、180、222、503號公車，在Plaz Zamkowy站下車 🗺P.79

皇家城堡
Zamek Królewski

皇家城堡是波蘭齊格蒙特三世‧瓦薩國王遷都華沙之後所修建的宮殿住所，位於城堡廣場東側，是廣場上非常醒目的重要地標。其建築風格先由義大利建築師以早期巴洛克風格為主，後來又揉合了洛可可與巴洛克裝飾，讓皇家城堡整體設計美輪美奐，甚至是18世紀全歐洲最美麗的皇室住宅建築。

皇家城堡除了代表華沙為波蘭首都之外，還負有重要的歷史意義，包括貴族制度的形成、1791年歐洲第一部現代憲法，以及世界上第二古老的國家憲法——五三憲法，都是由下議院在此起草。

不過，皇家城堡正因為象徵波蘭，在歷史上可謂命運多舛，皇家城堡先後受到瑞典、布蘭登堡、德國、俄國等軍隊的破壞，特別是二次世界大戰爆發後，皇家城堡先是被納粹蓄意摧毀，到了戰後末期又遭德軍炸毀，所幸城堡內的藝術品、文物、裝飾等都被搶

救出來，直到1971年才開始重建修復工程。波蘭人將被炸毀的原始建築碎片使用於修復的建築中，讓新的皇家城堡格外具有歷史傳承意義。

目前皇家城堡被列為歷史古蹟，作為國家博物館之用，遊客除了可以參觀皇室的寢室、會議廳等空間，也展出許多歷代君王珍藏的寶物與珍品。

✉Plaz Zamkowy, 00-277 Warszawa 📞+48 22 355 51 70 🕐5～9月週二～四、六10:00～18:00，週五10:00～20:00，週日11:00～18:00；10～4月週二～六10:00～16:00，週日11:00～16:00，週一與國定假日休館 💲30PLN，優待票20PLN，5～9月每週三免費，10～4月每週日免費 ➡搭乘公車116、128、175、178、180、222、503號公車，在Plaz Zamkowy站下車 🌐www.zamek-krolewski.pl/en MAPP.79

1.紅絨布背景上的圖騰，是象徵波蘭的老鷹／**2.**廣場上醒目的皇家城堡，代表著華沙／**3.**華沙的皇家城堡，是18世紀全歐洲最美麗的皇室住宅建築

1.樓堡是華沙很著名的觀光景點／2.興建於1540年的華沙樓堡，是波蘭國內第二大的樓堡建物

波蘭境內第二大的樓堡建物

華沙樓堡
Barbakan

　　華沙的樓堡興建於1540年代，是波蘭境內第二大的樓堡建物。在過往被作為抵禦舊城北邊的防禦工程，位於華沙舊城和新城之間，是區分新舊城的主要地標，亦是華沙主要的觀光景點之一。不過樓堡歷經二次大戰戰火無情的摧殘，大部分的建築毀損嚴重，現在重現在世人眼前的，是戰後華沙市民按照17世紀版畫資料重建而成。

　　如今華沙樓堡成為華沙的代表地標，樓堡入口處有一道護城河和吊橋，如果有時間，不妨到樓堡旁的步道漫步，欣賞四周優美的景色，非常悠閒愜意。而且每到夏天天氣好時，樓堡還會吸引許多華沙藝術家，在此處展示自己的藝術作品，替樓堡增添不同的特色。

✉Nowomiejska15/17, 00-272 Warszawa ➡搭乘116、175、180、222、503號巴士，在Pl.Zamkowy城堡廣場站下車後，步行約8分鐘 MAP P.79

華沙新城區與舊城區基本上只是地理位置的名稱，新城區的發展時間早已超過6個世紀之久，因此，新城區也有許多具有代表性的歷史建築及景點。

順著舊城區向南行走，會進入新城區最著名的皇家大道(又名克拉科夫大道)，在古色古香建築與整齊的街道烘托之下，整個街道非常具有古典氣氛，甚至被譽為華沙最美麗的大道。兩旁盡是知名的歷史建物，包括聖十字教堂、總統官邸、華沙大學等，呈現出19世紀華沙商業與文化中心的風貌。

新城區有許多值得一看的博物館，不論是蕭邦博物館、Krakowskie Przedmie cie、Nowy wiat Warszawa瑪麗‧居理博物館、哥白尼科學中心，都適合旅人放慢腳步，細細欣賞波蘭博物館細膩的館區規畫與豐富的展品。

新城區
Nowe Miasto

HISTORJA

華沙最美麗的大道

皇家大道
Krakowskie Przedmieście

皇家大道是波蘭最負盛名的街道，起頭為舊城區的皇家城堡，一直延伸至新世界路(Nowy Świat)，19世紀時是華沙的商業和文化中心；兩旁優美的建築，包括鄰近城堡廣場的聖安妮教堂、氣勢宏偉的總統官邸、波蘭最高學府華沙大學、因為蕭邦而聞名的聖十字教堂、接待過無數名人的老牌飯店布里斯托飯店(Hotel Bristol w Warszawie)等，還有許多特色餐廳、咖啡店林立，讓人漫步在此相當舒適悠閒。

✉ Krakowskie Przedmieście、Nowy Świat Warszawa
➡ 搭乘公車116、128、175、178、180、222、503號公車，在Plaz Zamkowy站下車，至城堡廣場後再向步行約5分鐘 MAP P.79

1.美麗的皇家大道／2.街道邊的咖啡店，很有特色

華沙最美的教堂之一

聖安妮教堂
Kościół św. Anny

從城堡廣場往克拉科夫斯基市郊大道走，第一個就會看到這座15世紀建造的聖安妮教堂，雖然二戰期間教堂遭到破壞，但仍有許多原始特色被保留下來，也因此，這座教堂是波蘭最著名的新古典主義外觀教堂之一，也是華沙市區中歷史最悠久的建築之一。

聖安妮教堂內部裝潢是鍍金的巴洛克室內空間，配合華麗的天花板裝飾畫，一進到室內給人隆重而華美的印象，周圍氣氛相當寧靜而穩重。另外，別錯過主祭壇上的畫作及大門內部上方的管風琴，非常值得欣賞。

遊覽克拉科夫斯基市郊大道，一定會看到聖安妮教堂

✉ Krakowskie Przedmieście 68, 00-322 Warszawa ☎ +48 22 826 89 91 ⏰ 07:00～19:30(週日至22:00)，進行彌撒時不能參觀 💲 免費 ➡ 搭乘公車116、128、175、178、180、222、503號公車，在Plaz Zamkowy站下車 🌐 swanna.waw.pl MAP P.79

充滿學術氣息的大學校區

聖十字教堂

Bazylika Świętego Krzyża

聖十字教堂在波蘭具有舉足輕重的地位，興建於1682年，除了見證了華沙動盪的歷史，在教堂中殿左方第二根石柱上，存放著波蘭愛國鋼琴家蕭邦的心臟，石柱上刻有蕭邦姓名的石碑與肖相，更是為人所知的故事。

蕭邦一生心繫祖國卻飄泊在外，最後客死異鄉巴黎，臨終前，蕭邦曾表達希望能將自己的心臟帶回祖國安葬，後來在姐姐的安排下，偷偷將其心臟帶回波蘭，完成他回歸故土的遺願。

除了蕭邦「心之歸處」的石柱，聖十字教堂莊嚴的祭壇上，充滿許多巴洛克風格的細膩裝飾，以及一台源自20世紀早期，如今為華沙最大的管風琴，都是值得細細參觀之處。但別忘了教堂為莊嚴的禮拜場所，入內參觀時務必尊重祈禱或望彌撒的民眾。

✉ Krakowskie Przedmieście 3, 00-047 Warszawa ☎ +48 22 826 89 10 🕐06:00～20:00 💲免費 ➡搭乘公車116、175、180、503號公車，在Uniwersytet站下車 🌐www.swkrzyz.pl 🗺P.79

1.門前背負十字架的神聖雕像／2.莊嚴的聖十字教堂

華沙大學

Uniwersytet Warszawski

走在皇家大道上，很難不注意到華沙大學巴洛克風格的大門。身為波蘭最高學府的華沙大學，主校區的正門就正對著聖十字教堂，設立於1816年，成立時間僅次於克拉科夫的亞捷隆大學。華沙大學的校徽是一隻頭戴皇冠的波蘭鷹，校徽上的五顆星分別代表五大科系：神學、法學、醫學、哲學、藝術。

華沙大學歷經多次歷史動盪，第一次是1830～1856年沙皇政府關閉了大學，直到1870年才重新開放。到了第一次世界大戰期間，德軍同意在華沙建立波蘭高等學府，才讓華沙大學成為波蘭首個國家學術機構。

1918年波蘭獨立後，華沙大學第一次真正能在不受政治的影響下做學術研究，實現成立以來最大的目標「思想自由」。不過好景不常，二戰時期華沙大學淪為納粹軍營據點，高達6成的校園建築物被毀壞，直到1945年底大學才再次重啟。

1968年正值共產時期，華沙大學學生發起示威活動，以爭取政治獨立，此事件對於波蘭邁向自由化有著重要的影響性，也顯示出華沙大學在許多社會議題上，扮演舉足輕重的角色。

✉ Krakowskie Przedmieście 26/28, 00-927 Warszawa ☎ +48 22 552 03 55 ➡搭乘公車116、175、180、503號公車，在Uniwersytet站下車 🌐www.uw.edu.pl 🗺P.79

發生許多重要歷史大事之地

總統官邸

Pałac Prezydencki

波蘭總統官邸最早為科涅茨波爾斯基宮(Pałac Koniecpolskich)，建造於1643年，直到1994年7月才被改設為總統官邸，官邸前方的波蘭英雄波尼亞托夫斯基像，以及石獅像可說是現今總統官邸門面代表。不過現任總統並沒有住在此，反而總統官邸自古至今所承載的歷史意義，才是總統官邸重要的歷史價值。

總統官邸第一個重要的歷史意義，是1791年五三憲法在此起草；19世紀之後，當時仍為宮殿的官邸進行了大規模修建，並安置了門口的石獅像，並在1818年被波蘭政府接管，作為政府的總部。不過在波蘭會議王國

總統官邸有重要的歷史代表意義

時期，此處成了俄羅斯的總督府，直到一次世界大戰結束，波蘭恢復獨立之後，才又再成為波蘭政府的辦公處所。

二戰時總統官邸幸運逃過被戰火摧殘的命運，戰後10年，也就是1955年，華沙條約在此簽署；1989年，波蘭團結工聯代表與當局舉行圓桌會議，對於促成波蘭民主化有重要的意義，可說總統官邸與波蘭的歷史有很深厚的連結。

✉ Krakowskie Przedmieście 48/50, 00-071 Warszawa
➡ 搭乘公車116、175、180、503號公車，在Uniwersytet站下車，往城堡廣場的方向步行約3～5分鐘
http www.president.pl　MAP P.79

推動歐洲天文學的重要人物

斯塔西茨宮與哥白尼雕像

Pałac Staszica and The Statue of Mikołaj Kopernik

建造於1620年的斯塔西茨宮，是一座充滿新古典主義的建築，事實上，最早期的斯塔西茨宮建築風格並非如此，而且是被當為東

正教堂使用。到了二戰時期，斯塔西茨宮被戰火摧毀，所幸戰後由波蘭重建，並以新古典主義的樣貌重現於世人面前，現為波蘭科學院的所在地，院前的哥白尼像是其代表。

哥白尼在天文史上相當具有代表性，當時受到宗教影響，歐洲天文學以托勒密的「地心說」為主流，但哥白尼在1543年發表《天體運行論》，證明地球繞著太陽轉的「日心說」，讓整個天文學進入現代天文學的新一里程碑，爾後更開啟了哥白尼革命，對於推動科學革命做出了重要貢獻。

✉ Nowy Świat 72, 00-330 Warszawa　➡ 搭乘地鐵在Nowy Świat-Uniwersytet站下車　http www.pkin.pl　MAP P.62、79

1.斯塔西茨宮與哥白尼雕像
2.哥白尼證明「日心說」，轟動當時的天文界

2

認識科學的好去處

哥白尼科學中心
Centrum Nauki Kopernik

哥白尼科學中心自2010年11月開幕至今，相當受到波蘭家庭的歡迎，是一座創新的互動式科學博物館，不論大人小孩都能透過互動遊戲、手做實驗、解謎遊戲等方式認識科學原理。博物館共設有7個常設展，展出超過450種科學主題。

從你一踏入哥白尼科學中心的第一刻起，便能感受「科學」的魅力。首先，會見到一位能說話的機器人，歡迎參觀者的到來，接著，遊客還會領到一張互動式科技票卡門票，只要使用這張票卡體驗不同的展示中心，卡片就會幫遊客記錄體驗活動的每一項成績，非常有趣。再往裡面走，會看到高達兩層樓的巨型傅科擺(Foucault pendulum)，在中庭來回擺動，驗證地球的自轉。

另外，科學中心還規畫了文明起源、人類與環境、物理與化學實驗、天文學館、光的世界等不同主題展館，還有專為兒童設計的音樂會、爵士樂表演，能讓小朋友玩得不亦樂乎。

✉ Wybrzeże Kościuszkowskie 20, 00-390 Warszawa 📞 +48 22 596 41 00 🕐 1～3月週二～五09:00～18:00，週六、日10:00～19:00；4～6月週二～五08:00～18:00，週六、日10:00～19:00；6月23日～9月第二週、週二～日09:00～19:00。除5月之外，週一休館 💲 27PLN，優待票18PLN，週日免費 ➡ 搭乘公車105、118、127號公車，在Bibioteka Uniwersytecka站下車，沿著Lipowa路步行約5分鐘 ⏱ 1小時 🌐 www.kopernik.org.pl 🗺 P.62

美麗浪漫的圖書館空中花園

華沙大學圖書館
Biblioteka Uniwersytet Warszawski

華沙大學圖書館與校本部有一段距離，主要是因二戰期間圖書館的建築被破壞，校方決定另覓新址重建。華沙大學圖書館最特別之處，除了圖書館的設計令整個建築綠意盎然；2002年興建完成、面積超過1公頃的空中花園，是歐洲最大的屋頂花園，更是值得一訪。特別在黃昏時夕陽的光輝灑滿整座花園，配合帶橘色彩霞的天空，景色非常浪漫。

空中花園除了植被外，因為花園高度夠高，能夠遠眺整個華沙市，另外，

圖書館內有商店、咖啡店

從樓梯走上去能到華沙大學圖書館頂樓

部分建築屋頂是以大片玻璃建造，因此能欣賞華沙大學圖書館內部，別有一番風趣。

除了有花園美景可以欣賞，圖書館地面層還有商店、咖啡店等商家，不只是對華沙大學的師生開放，一般民眾也能到此消費。

✉ Dobra 56/66, 00-312 Warszawa 📞 +48 22 552 51 78 🕐 週一～五08:00～22:00，週六09:00～21:00，週日15:00～20:00 💲 免費 ➡ 搭乘公車105、118、127號公車，在Bibioteka Uniwersytecka站下車 🌐 www.uw.edu.pl ❓ 暑假期間開放時間比較不固定，建議上官網查詢 🗺 P.62

蕭邦博物館外觀

運用高科技與蕭邦來一場音樂的相遇

蕭邦博物館
Muzeum Fryderyka Chopina

　　喜歡波蘭愛國音樂家蕭邦的人，到華沙千萬別錯過蕭邦博物館。這座博物館建築物本身是奧斯特羅格斯基宮，建造於17世紀中後期，但多數建物在華沙起義時被破壞，如今看到的是戰後1954年所重建的樣貌，該博物館在2010年蕭邦冥誕200週年時，又經過重新裝潢整修並對外開放。

　　蕭邦不僅是音樂史上最具影響力和最受歡迎的鋼琴作曲家之一，更是歐洲19世紀浪漫主義音樂的代表人物，因為他所寫的鋼琴曲曲風華麗並帶著深刻情感，也被尊稱為「鋼琴詩人」，波蘭首都華沙國際機場正是以他為名。

　　蕭邦博物館顛覆一般傳統博物館的設計，採用大量多媒體設備，入場時每個人都會拿到一張門票磁卡，透過磁卡與展品的感應式科技，讓參觀者可以親自體驗互動式影音、聆聽音樂等，例如桌面的觸控螢幕，能讓參觀者自由點選想聽的曲目，身歷其境認識蕭邦這位偉大的音樂家，也是波蘭人的驕傲。博物館中展出近5千件蕭邦的畫像、樂譜手稿、生活用品如鉛筆等，以及整台蕭邦生前所使用的法國Pleyel牌鋼琴，這是蕭邦最喜愛的鋼琴品牌，也是全球最老牌的鋼琴製造商之一，至今已經營運了超過200年。

好玩 PLUS

別錯過博物館旁的Tamka 43

　　位於蕭邦博物館旁的Tamka43，1樓是咖啡店，2樓是餐廳，看似簡約的裝潢風格，美味度可是一點也不簡單！主廚曾在法國米其林三星餐廳任職，因此店內的料理細膩精緻，帶有法式風格，主廚也會特別選用歐洲當地食材入菜。若有空造訪蕭邦博物館，可別錯過這家隱身巷弄的美食。(關於Tamka 43更詳細的介紹，請見P98)

Tamka 43咖啡店的莓果蛋糕

華沙愛樂廳

　　除了蕭邦博物館，蕭邦迷不可不知華沙愛樂廳(Filharmonia Narodowa)，這裡不僅是波蘭最重要的音樂表演場地，也是蕭邦國際鋼琴大賽的比賽殿堂，為波蘭國家級的音樂廳。建造於19、20世紀的華沙愛樂廳，並未免於被戰火摧殘的命運，現今的風貌是戰後1955年才重新建造而成，整體建築風格充滿社會寫實主義。

蕭邦的出生地——塞拉佐瓦沃拉

　　蕭邦成長於華沙，而他的出生地是位於華沙西南方53公里處的塞拉佐瓦沃拉(Żelazowa Wola)小鎮，該居所已被作為蕭邦故居博物館(Dom Urodzenia Fryderyk Chopina)，每年吸引不少蕭邦迷到此朝聖，一探偉大的鋼琴詩人蕭邦出生之地，遊客可從華沙市區搭乘Motobuss巴士前往，車程約1小時。

　　蕭邦故居博物館裡面收藏著一台據說是蕭邦第一台彈奏的鋼琴，並保存許多出自蕭邦之手的樂譜、信件、繪畫，博物館旁的花園在夏季假日下午會舉辦露天音樂會。

華沙

新城區

✉Okólnik 1, 00-368 Warszawa ☎+48 22 441 62 51 ⏰週二～日11:00～20:00，12月31日11:00～16:00，每週一、1/1、11/1、12/24、12/15、復活節休館 💲22PLN，優待票13PLN，週日免費 🚍搭乘111、116、128、175、222、503號公車，在Ordynacka站下車，步行5分鐘，或搭乘地鐵在Nowy Świat-Uniwersytet站下車，沿著Świętokrzyska向東走，至Tamka再步行約2分鐘 ⏳至少1小時 🌐whchopin.museum/pl 🗺P.62

緬懷參與這段血淚歷史的英雄

華沙起義紀念碑
Pomnik Powstanie Warszawskie

　　華沙起義在波蘭歷史上，絕對是一段不可忘的血淚史。1944年8月1日下午5點，是華沙起義正式寫在歷史上的關鍵時刻，這段為期63天的起義，波蘭烈士為了守護國家與自由，原以為可以與蘇聯紅軍聯手反抗納粹德國，但最後以失敗收場，不僅犧牲了20萬名波蘭人民的性命，也讓華沙市被納粹轟炸為平地。

　　為了紀念在起義中犧牲生命的英勇鬥士，戰後45週年，也就是1989年，波蘭設立了華沙起義紀念碑，不僅緬懷先烈，也讓波蘭人

華沙起義是華沙市民永遠不會忘記的一段歷史

民不忘現在的自由，是由許許多多前人的鮮血換得而來。

✉ Długa 22, 00-263 Warszawa ➡搭乘116、178、180、503、518號巴士，在Pl. Krasińskich 02站下車後，往樓堡方向前進，到了樓堡後順著Długa路左轉，再步行約5分鐘 MAP P.62、P.79

紀念史上首位女性諾貝爾獎得主

瑪麗・居禮博物館
Muzeum Marii Skłodowskiej-Curie

　　瑪麗・居禮博物館不僅是介紹瑪麗・居禮的研究相關資料、個人生活用品，包括化學分析圖表、實驗用品等等，還有瑪麗・居禮與親友的書信、照片等私人物品。

　　博物館本身對於瑪麗・居禮而言也相當具有代表意義，瑪麗・居禮於1867年在此出

生，生前最後一年也是在這棟建築中度過。為了紀念這位女中豪傑、全世界第一位女性諾貝爾獎得主，更二度獲得諾貝爾獎，波蘭將瑪麗・居禮生前的故居改建為博物館，讓更多人了解瑪麗・居禮對於科學界的貢獻。

　　瑪麗・居禮對人類最大的貢獻有兩方面，第一是發明分離放射性同位素的技術，第二是發現釙和鐳兩種新元素，愛國的瑪麗・居禮，以祖國波蘭為「釙」(Po)命名，並帶動歐洲科學界掀起放射線研究熱潮。

　　因為瑪麗・居禮的發現與應用，人類首次將放射性同位素用來治療腫瘤，她在華沙與巴黎各創辦了一座居禮研究所，至今依然是全球重量級的醫學研究中心。

1.展示瑪麗・居禮生前的房間擺設／**2.**瑪麗・居禮博物館樓梯處

✉ Freta 16, 00-227 Warszawa ☎ +48 22 831 80 92 🕐 6～8月週二～日10:00～19:00，週一休館；9月～隔年5月週二～日10:00～16:30，週一休館 💲全票11PLN，半票6PLN，6/1、6/7、11/7免費參觀 ➡搭乘116、178、180、503、518號巴士，在Pl. Krasińskich 02站下車 🕐30分鐘 http www.muzeum-msc.pl MAP P.79

1.假日時常可見到波蘭家庭到此出遊／2.動物園園區前的小販

《園長夫人：動物園的奇蹟》歷史場景

華沙動物園
Warszawskie Zoo

園區占地40公頃的華沙動物園，一開始僅為私人的動物展覽園區，至1928年3月11日才對外開放，如今是波蘭人假日時的闔家好去處。園區內有許多波蘭原生的珍貴物種，最知名的就屬歐洲野牛；另外，波蘭動物園保持著過往傳統，園區內有許多放養的孔雀，目前共飼養超過4千種物種。

除了欣賞動物之外，華沙動物園在歷史上最有名的事蹟，是1939年二戰期間，動物園園長姜恩和夫人安東妮娜為了拯救被納粹德軍殺害的猶太人，將他們藏匿在動物園中，兩人在戰爭期間成功拯救了300名猶太人逃離納粹的魔掌。因為姜恩夫婦勇敢挺身而出，向猶太人伸出援手，夫婦倆於1965年獲得以色列頒發的國際義人獎。

華沙動物園裡許多大型哺乳類動物，在二戰戰火中犧牲，不過，戰後不久，在1949年，華沙動物園就重新對外營運，撐過戰爭的動物也重新向世人展示他們的新生活。

✉ul. Ratuszowa 1/3, 03-461 Warszawa ☎+48 22 619 40 41 ⏰12、1月09:00～15:30，週六和節日延長至16:00；2、11月09:00～16:00；3、10月09:00～17:00；4～9月09:00～18:00；5～9月的週六和節日延長至17:00 💲11～2月全票15PLN，半票12PLN；3～5、9、10月全票25PLN，半票23PLN；6～8月全票26PLN，半票23PLN ➡搭乘4號電車，在Park Praski站下車 ⏱1小時 🌐zoo.waw.pl/enl 🗺P.62

波蘭的凡爾賽宮

維拉諾夫宮

維拉諾夫宮(Pałac w Wilanowie)是歐洲最美麗的巴洛克式建築之一，地點位於華沙市南方10公里處的市郊，是波蘭國王約翰三世‧索別斯基(Jan III Sobieski)在17世紀時所建造的夏季宮殿。宮殿與花園的風格揉合了波蘭、義大利式莊園，以及法國凡爾賽宮與花園等特色，因此又被稱為「波蘭的凡爾賽宮」，其中美輪美奐的裝飾與豐富的館藏非常值得一訪。

諾拉維夫宮是波蘭最重要的古蹟之一，在波蘭被瓜分以及兩次世界大戰中都倖免於難，即使是二戰期間，華沙淪為戰火最慘烈的地區之一，許多建築都被無情摧毀，但諾拉維夫宮幸運逃過一劫。因此，在諾拉維夫宮，可以參觀自17世紀保存下來的國王與皇后的起居室、禮拜堂、畫廊、大廳，以及欣賞歷屆皇室與後來的皇宮擁有的藝術收藏品、肖像畫等。

諾拉維夫宮最初只有宮殿正中央部分，後來歷經不同擁有者的修整與擴建，最後成為

1

1.維拉諾夫宮旁邊的花園／2.維拉諾夫宮收藏許多歷代皇室的寶物／3.夏季造訪一片綠地，相當賞心悅目

目前華麗且具代表性的規模。而且除了宮殿本身之外，還有18世紀所建的聖安娜教堂、波托茨基博物館、19世紀的新哥德禮拜堂等，以及旁邊占地43公頃的美麗花園，都很值得一遊。

✉Stanisława Kostki Potockiego 10/16, 02-958 Warszawa ☎+48 22 544 27 00 ⊙皇宮：4月6日～10月13日週一、三、六、日09:30～18:00，最後入園時間17:00，週二、四、五09:30～16:00，最後入園時間15:00；1月12日～4月5日與10月14日～12月16日09:30～16:00，最後入園時間15:00，週二休館。花園：1月1日～2月25日與11月1日～12月31日09:00～16:00；2月26日～3月24日與10月1日～10月12日09:00～18:00；3月25日～4月30日09:00～20:00；5、8月09:00～21:00；6、7月09:00～22:00；9月09:00～19:00，閉館前半小時為最後入園時間 💲皇宮：全票20PLN，半票15PLN。花園：全票5PLN，半票3PLN ➡搭乘519、116、180號公車至Wilanów維拉諾夫宮總站下車 ⏰至少1小時 ❓每年皇宮開放時間略有不同，建議先上官網確認 MAP P.62、92

華沙美食樂

1.雅致舒適的用餐環境／2.Różana典雅氣氛的花園／3.餐廳內有鋼琴師現場彈奏音樂

市中心
Różana

隱身在住宅區內的Różana，是駐華沙的友人Colin極力推薦的波蘭傳統料理餐廳，小仙仔親自到此用餐後，也深深愛上這間餐廳！用餐環境舒適又優雅，室內設計透過花朵、飾品等擺設，以及鋼琴師現場悠揚的演奏，呈現高雅而浪漫的氛圍；餐廳室外有一座美麗的花園，不論是白天或日落後在室外座位用餐，都別有一番浪漫的氣氛。

初訪Różana最讓人印象深刻的是，餐廳每天都會推出一台擺滿鮮花的甜點餐車，每一道甜點都讓人食指大動！當然，Różana的主餐口味更是一流，不論是波蘭傳統的代表料理蘋果鴨，或是烤羊排、魚排，都非常值得一試，主廚會依照不同季節推出季節限定料理；如果你喜歡波蘭的家常料理，不論是波蘭餃子或新鮮製作的麵條，Różana也絕不會讓人失望，再配上精美的擺盤，讓用餐過程非常享受。

✉ Chocimska 7, 00-791 Warszawa ☎ +48 22 848 12 25 ◷ 12:00～00:00 💲 $$～$$$，主餐45PLN起 🌐 www.restauracjarozana.com.pl ❓須注意穿著，宜較為正式的服裝，冬天造訪時，記得在門口將厚重的外套交由服務員掛好 MAP P.62

市中心
CZERWONYM WIEPRZE

Logo是一個紅豬頭的CZERWONYM WIEPRZE，是華沙頗具特色的波蘭傳統料理餐廳。店內刻意走共產主義特色的設計風格，大量運用暗紅色作為裝飾，只要一坐上位子，餐廳就會附上兩款傳統的波蘭麵包給顧客。

1.CZERWONYM WIEPRZE的Logo是一隻紅豬頭／2.餐廳裝潢走共產主義設計風格

CZERWONYM WIEPRZE除了料理好吃，餐廳的位置也透露了為何老闆會以共產主義為特色，因為餐廳所在地正好在華沙市中心和Wola區的邊界上，此區曾是華沙最大的工廠與釀酒廠所在地，波蘭第一批共產主義和社會主義運動也是在此形成，格外具有代表性，也增添了用餐的話題性。

另外，不少名人都曾造訪過CZERWONYM WIEPRZE，包括國際影星布魯斯威利、前波蘭總統亞歷山大克瓦斯涅夫斯基、世界拳王雷諾克斯路易斯等，都是餐廳的座上賓。

✉ Żelazna 68, 00-866 Warszawa 📞 +48 22 850 31 44 🕐 12:00～00:00 💲 $$～$$$，主餐45PLN起 http www.czerwonywieprz.pl/pl/ MAP P.62

市中心
POD GIGANTAMI

如果有預算在波蘭享受大餐，POD GIGANTAMI會是很棒的選擇，這間餐廳連年獲得米其林、Gault Millau等國際美食評鑑肯定，在此享用精緻的波蘭傳統料理絕對是一大享受，餐廳每年會更換兩次菜單。

除了食物本身，建築物本身也頗具看頭。來到POD GIGANTAMI，首先會被正門口兩座巨人雕像的氣派裝飾震懾，再進一步細究，這裡是華沙少數躲過戰火摧殘的歷史建築。二戰期間，華沙許多房屋都被戰火炸毀，但是POD GIGANTAMI所在的19世紀晚期建造的古宅，幸運地完整保留下來，更增添餐廳的歷史厚度。

✉ al. Ujazdowskie 24, 00-478 Warszawa 📞 +48 22 629 23 12 🕐 12:00～23:00 💲 $$$～$$$$，主餐70PLN起 http www.podgigantami.pl/en ❓ 建議事先訂位，著正式服裝 MAP P.62

氣派的POD GIGANTAMI大門

市中心
AMBER ROOM

一走進AMBER ROOM，絕對會被眼前美麗的花園與具有歷史意義的Sobański宮殿建築給震懾住。AMBER ROOM本來就位於華沙最迷人的Ujazdowskie Avenue大道上，餐廳被花園環繞，非常有氣氛，餐點也絲毫不馬虎。除了能享用主廚每日精心烹調的佳肴，還有專屬侍酒師替客人挑選最適合的酒款，因此AMBER ROOM獲獎無數。

為了帶給客人不同的用餐感受，AMBER ROOM的午餐菜單會每日更換，到了週末還會提供週末菜單，讓用餐的客人享受悠閒的假日時光。

✉Aleje Ujazdowskie 13｜Sobanski Palace, 00-567 Warszawa 📞+48 22 523 66 64 🕐12:00～23:00(週日至21:00) 💲$$$～$$$$，中午套餐64PLN起 🌐www.amber-room.pl ❓建議事先訂位，著正式服裝 🗺P.62

1.AMBER ROOM的用餐環境讓人相當放鬆／**2.**整個餐廳被花園環繞，非常有氣氛

舊城區
U Fukiera

位於舊城區的U Fukiera，是一家擁有300年歷史的高級波蘭與歐陸傳統料理老店，更可以說是「星光熠熠」的波蘭知名餐廳，包括美國前國務卿季辛吉、丹麥皇后、莎朗史東、克勞蒂亞雪佛等政商名流與國際巨星，都曾是U Fukiera的座上賓。一走進餐廳，可感受到整體低調而華麗的空間設計：牆上掛的一幅幅畫作都是真跡作品，還有骨董、鮮花等精緻的擺飾，令人用餐時格外享受。

✉ul. Rynek Starego Miasta 27, 00-272 Warszawa 📞+48 22 831 10 13 🕐12:00～00:00 💲$$$，主餐55PLN起 🌐ufukiera.pl ❓建議事先訂位，盡量避免穿著牛仔褲 🗺P.79

位於舊城區的老字號餐廳U Fukiera

Zapiecek

來到華沙舊城區，Zapiecek是許多外國旅客第一家認識的波蘭傳統料理餐廳，不僅分店眾多，Zapiecek的女服務生穿著波蘭傳統風格的碎花裙，穿梭在露天座位熱情招呼客人，想不注意也難。Zapiecek的菜單，是主打波蘭家庭中常見的「阿嬤料理」，最有名的就屬波蘭餃子「Pierogi」，料理過程會先水煮再香煎，口味相當特別。波蘭餃子的口味選擇五花八門，從絞肉、波菜、馬鈴薯、起司等鹹式口味，到包著藍莓醬等果醬的甜式口味，任君挑選。另外，Zapiecek的烤豬腳、香腸、湯品等波蘭料理也相當值得一試，分量足，味道佳，而且價格平易近人，有機會一定要來試試。

✉ Świętojańska 13, 00-266 Warszawa　☎ +48 22 635 61 09　🕙 11:00～23:00　💲 $$～$$$，主餐22PLN起　http www.zapiecek.eu/menu_pl.html　⁉ 在華沙舊城與新城區共有7家分店，通常舊城區靠近城堡廣場的分店，用餐時段客人比較多　MAP P.79

1.除了室內座位，波蘭人更喜歡戶外座位區／**2.**Zapiecek在舊城區有許多分店／**3.**分量十足的餐點

Tamka 43

店名就是街道名的Tamka 43，位在華沙蕭邦博物館旁邊，別看Tamka 43門面樸實，在主廚Paweł Kwiatkowski的帶領下，這家餐廳可說是獲獎無數。除了獲得米其林、Gault Millau等國際最具代表的美食評鑑推薦，還曾被波蘭當地雜誌評選為波蘭最棒的餐廳。

Paweł Kwiatkowski曾在法國米其林三星餐廳任職，因此擅長使用波蘭時令食材結合法式料理手法，不定期更換菜單；除了廚藝令人驚豔，主廚還擔任過音樂會與活動製作人。除了餐廳值得一去，1樓的咖啡廳價格平易近人，甜點水準更是令人驚豔，如果來不及吃一頓大餐，到咖啡廳小歇片刻也是很愜意的事。

✉ Tamka 43, 00-355 Warszawa ☎ +48 22 441 62 34 🕐 12:00～22:00 💲 $～$$$$，點心15PLN起，套餐150PLN起 http www.tamka43.pl/en ⓘ 1樓是咖啡廳，2樓是餐廳 MAP P.62

1. 漂亮又可口的巧克力甜點，配上莓果飲／**2.** 位於1樓的Tamka 43咖啡店

華沙住宿趣

諾富特酒店常是旅客的首選。

另外，諾富特酒店附設有桑拿浴室和各種健身器材的健康中心，健康中心剛好位於高樓層頂樓，在上面可以欣賞到波蘭首都的壯麗全景。

位於市中心的諾富特飯店

華沙中心諾富特酒店

Novotel Warszawa Centrum Hotel

位於市中心的華沙中心諾富特酒店，樓高33層，就位於文化科學宮的斜對面，附近就是華沙最熱鬧的商場，距離中央火車站僅5分鐘以內的步行路程，因為擁有地利之便優勢，房價又相對合理，每到旅遊旺季，華沙

✉ Marszałkowska 94/98, 00-510 Warszawa 📞 +48 22 596 00 00 💲 $$$，雙人房價350PLN起 ➡ 搭公車到Dworzec Centralny，或搭地鐵到Centrum，從中央車站步行約5分鐘 http www.accorhotels.com/gb/hotel-3383-novotel-warszawa-centrum MAP P.62

華沙鐘樓飯店

Campanile Warszawa Hotel

如果喜歡高CP值，而且符合乾淨、舒服、溫暖、安靜的住宿環境，華沙鐘樓飯店是很好的選擇。飯店旁邊就是電車、公車與火車站，不論從機場到飯店，或是從飯店要去華沙各觀光景點，交通四通八達，距離中央火車站大約10分鐘路程，到舊城區的車程也相當方便。

因為屬於價格平實的旅館，華沙鐘樓飯店內部主要走簡單清爽的設計風格，客房也明亮舒適。

舒適的房間

華沙鐘樓飯店大樓外觀

✉ ul. Towarowa 2, 00-811 Warszawa 📞 +48 22 582 72 00 💲 $$，雙人房價270PLN起 ➡ 搭乘159、422號公車，或是1、8、22、24電車 http www.campanile-warszawa.pl/en MAP P.62

華沙

美食樂・住宿趣

美居機場華沙酒店

Mercure Warszawa Airport

雅高集團下的美居機場華沙酒店，很適合在華沙短期停留，或是想要距離機場較近的飯店選擇。

飯店所在地距離華沙蕭邦機場僅3公里，飯店也有提供往返於機場的免費定時班車服務，或是全天候都可以替旅客安排前往機場的計程車；從飯店到市區約5、6公里，附近公車班次也相當密集。

✉Aleja Krakowska 266, 02-210 Warszawa ☎+48 22 575 28 88 💲$$，雙人房價280PLN起 ➡搭乘公車至Wtochy-Ratusz站下車 http www.accorhotels.com/gb/hotel-8999-mercure-warszawa-airport/index.shtml

美居機場華沙酒店的房間

飯店建築外觀

華沙索菲特維多莉亞飯店

Sofitel Warsaw Victoria

奢華的華沙索菲特維多莉亞飯店位於華沙市中心，被首都的歷史和文化景點環繞著，距離華沙大學僅相隔一條街，旁邊是擁有噴泉與花園的薩斯基公園，景色相當優美。

華沙索菲特維多莉亞飯店走的是典雅的現代客房設計，每個客房都配有舒適的Sofitel MyBed大床，沐浴備品提供奢華的浪凡Lanvin品牌，為的就是讓旅客能在飯店獲得完全的放鬆，享受賓至如歸的體驗。

✉ul. Królewska 11, 00-065 Warszawa ☎+48 22 657 80 11 💲$$$$，雙人房價550PLN起 ➡搭乘116、175、180號公車至華沙大學，再步行5分鐘 http sofitel.accorhotels.com/gb/hotel-3378-sofitel-warsaw-victoria/index.shtml MAP P.79

位於薩斯基公園旁邊的索菲特維多莉亞飯店

波洛尼亞宮大酒店

Polonia Palace Hotel

波洛尼亞宮酒店開業於1913年，中間歷經二戰卻奇蹟逃過一劫，不僅是華沙市中心的代表建築物之一，也是華沙第二古老的飯

位於鬧區的波洛尼亞宮酒店，交通相當便利

店，於1965年成為波蘭歷史古蹟。戰後包括英國、美國等臨時領事館都設立於波洛尼亞宮大酒店，增添了該飯店特殊的歷史背景。

波洛尼亞宮酒店地理位置位於市中心鬧區，對面就是文化科學宮，不論是要去逛街、購物、吃美食，周邊都有許多選擇，搭乘大眾交通工具去華沙各區的景點也很相當便利。

波洛尼亞宮酒店大廳高挑典雅，房間舒適高雅乾淨，早餐料理豐盛精緻又美味，值得多花時間慢慢享受。另外，每一個房間都配有迷你吧、供暖浴室地板、免費WiFi等。

✉ Aleje Jerozolimskie 45, 00-692 Warszawa ☎ +48 22 318 28 00 💲$$~$$$$，雙人房價295PLN起 ➡ 搭公車至Dworzec Centralny，或搭地鐵到Centrum，從中央車站步行約5分鐘 🌐 www.poloniapalace.com 🗺 P.62

布里斯托爾豪華精選酒店

Hotel Bristol

布里斯托爾豪華精選酒店是華沙最高級的酒店，位在美麗的克拉科夫斯基市郊大道上，緊鄰總統府，酒店最初是由著名的鋼琴家和政治家Ignacy Jan Paderewski創建，如今成為華沙最具特色，而且結合了歷史與當代豪華氛圍的地標建築。

二戰時期，布里斯托爾豪華精選酒店曾被作為納粹德國軍隊在華沙的行政總部，因此受戰爭影響不大。戰後，酒店重新裝修並開業，不過在1970年代後曾一度被作為華沙大學的圖書館，直到波蘭共產黨政權垮台後，布里斯托爾豪華精選酒店才再度恢復昔日的輝煌。

布里斯托爾豪華精選酒店除了提供給每一

位旅客採以裝飾藝術的典雅設計客房，還有SPA中心休閒區、室內游泳池、健身房、桑拿浴室和蒸汽浴室等各種美容服務。

✉ Krakowskie Przedmiescie 42/44, 00-325 Warszawa ☎ +48 22 551 10 00 💲$$$$，雙人房價645PLN起 ➡ 可搭乘116、175、180、503號公車可到 🌐 www.hotelbristolwarsaw.pl 🗺 P.79

布里斯托爾豪華精選酒店是古典豪華的華沙飯店代表

克拉科夫
Krakow

擁有歐洲最美城市風光的克拉科夫，是波蘭境內少數沒有
受到二次世界大戰戰火波及的區域，加上中世紀時曾經為
波蘭王國的首都，讓克拉科夫幸運地保留許多中世紀與文
藝復興的珍貴建築與最具代表的瓦維爾城堡。

除了舊城區的迷人丰采，位於舊城區東南方的卡茲米爾猶
太區也是值得一探究竟的必訪景點。另外，克拉科夫近郊
的維利奇卡鹽礦，與二戰期間惡名昭彰的奧斯威辛集中營，
都是來克拉科夫不應該錯過的世界級景點。

克拉科夫

城市漫遊	P.104
如何到克拉科夫	P.106
克拉科夫市區交通	P.108
舊城區	P.109
瓦維爾	P.118
超過700年的地下鹽礦世界：維利奇卡鹽礦	P.122
歐洲最大的猶太區：卡茲米爾	P.127
不可抹滅的歷史傷痕：Podgórze	P.132
惡名昭彰的納粹德國殺人工廠：奧斯威辛集中營	P.136
克拉科夫美食樂	P.145
克拉科夫住宿趣	P.148

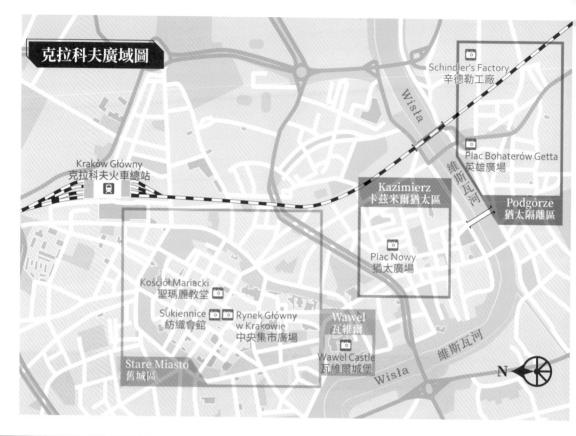

克拉科夫廣域圖

Schindler's Factory 辛德勒工廠

Plac Bohaterów Getta 英雄廣場

Podgórze 猶太爾離區

Wisła

維斯瓦河

Kraków Główny 克拉科夫火車總站

Kazimierz 卡茲米爾猶太區

Plac Nowy 猶太廣場

Kościół Mariacki 聖瑪麗教堂

Sukiennice 紡織會館

Rynek Główny w Krakowie 中央集市廣場

Wawel 瓦維爾

Wawel Castle 瓦維爾城堡

Stare Miasto 舊城區

維斯瓦河

Wisła

N

城市漫遊

歐洲最美的風情城市

被視為擁有最美歐洲風情之一的克拉科夫,中世紀時曾是波蘭王國的首都,現今為波蘭第三大都市,也是前教宗聖若望·保祿二世的故鄉,是造訪波蘭必來的城市。每年吸引許多歐美觀光客來到此地,為的就是一親克拉科夫的芳澤,甚至連波蘭人都認為克拉科夫比華沙的可看性高太多,沒空可以不去華沙,但一定要來克拉科夫!

回顧克拉科夫的歷史,1038年波蘭王朝正式建都於此,14～16世紀波蘭王朝來到全盛時期時,曾一度讓克拉科夫成為中歐的文化中心之一,與布拉格和維也納齊名。直到1596年,齊格蒙特三世才宣布遷都華沙。

在豐厚的歷史堆疊下,克拉科夫不論是歷史建築、藝術作品、紀念物等觀光資源,相較華沙更為豐富。而克拉科夫是波蘭境內少數未受到二次世界大戰戰火波及的城市,因而能大量完整地保留中世紀與文藝復興時期的建築物,也讓聯合國教科文組織在1978年,將整個克拉科夫舊城列入世界遺產名單。

1.壯觀的聖瑪麗教堂／**2.**店家門口美麗的裝飾／**3.**紡織會館前的咖啡店／**4.**中央集市廣場上的裝置藝術

✿ ✿ 遊覽重點 ✿ ✿

來到克拉科夫，可以漫步在充滿歷史風情的舊城區，盡情瀏覽以中央集市廣場為中心的中世紀歐洲建築物。這個全歐洲最大的中世紀廣場，每年吸引許多歐美觀光客至此，廣場上熙來攘往的人潮，讓克拉科夫充滿另一種活力，旁邊的紡織會館和聖瑪麗教堂，同樣是來到克拉科夫不可錯過的代表景點。

在舊城區還可以參觀由波蘭國王卡齊米日三世創立的波蘭第一所大學——亞捷隆大學，自古至今培育出許多波蘭的名人，包括天文學家哥白尼、已故教宗聖若望·保祿二世等人；欣賞完舊城區的景點，再散步至瓦維爾(Wawel)皇家城堡與皇家大教堂，感受一下充滿中世紀歷史風情的皇室氣息。

若有時間，不妨去舊城區東南邊著名的卡茲米爾(Kazimierz)猶太區走一走，由於電影《辛德勒的名單》在此拍攝，吸引了世人對於卡茲米爾，以及相隔一條維斯瓦河的猶太隔離區(Podgórze)的注意；如今，這兩地仍保留著大量猶太文化遺跡，卡茲米爾區的猶太會堂和猶太博物館林立，隨著時間的推進，現在也多了不少時髦的猶太餐廳和咖啡廳，深受當地年輕人喜愛。

除了舊城本身是世界文化遺產之外，臨近的城鎮還有維利奇卡鹽礦(Kopalnia Soli w Wieliczce)和奧斯威辛(Oświęcim)集中營兩大一級的世界文化遺產，都值得旅人細細體驗。

如何到克拉科夫

飛機

可搭歐洲國內線班機至克拉科夫若望保祿二世國際機場,下機後有3種方式可到達市區。

1.機場快線Balice Express

每小時1～2班車,車程15～20分鐘,單程票12PLN,來回20PLN。

2.巴士

可選擇搭巴士至市區,208、252、902皆有到,車程約40分鐘,單程票4PLN。

3.計程車

機場入境大廳出口有合法的排班計程車,至市區車資約70PLN以上。

4.Uber

克拉科夫是很歡迎Uber的城市,搭至市區方便且車資合理,約25～30PLN,車程約20分鐘。

......

若望保祿二世國際機場Kraków Airport im. Jana Pawła II

✉ ul. Kpt. M. Medweckiego 1,32-083 Balice
☎ +48 12 295 58 00
http www.krakowairport.pl/en
MAP P.110

克拉科夫機場的大廳

克拉科夫
精選
經典路線

紡織會館、中央集市廣場
(30分鐘)

步行約
1分鐘

聖瑪麗教堂
(30分鐘)

步行約
12分鐘

火車

克拉科夫火車總站位於舊城內,與克拉科夫拱廊購物中心(Galeria Krakowska)為共構建築,每天約10班車往返華沙,車程2小時45分鐘,該站也有許多班次開往國外的國際列車;周邊亦有電車與公車車站,提供旅客前往市區各地。

克拉科夫火車總站Kraków Główny

✉ ul. Pawia 5A, Kraków
☎ +48 22 391 97 57
http www.rozklad.pkp.pl
MAP P.104、110

長途巴士

克拉科夫巴士總站就在火車總站旁,若從華沙至克拉科夫約5.5～8小時的車程;長途巴士除了可到達波蘭國內各大都市,還能跨國至歐洲其他大城市。

克拉科夫巴士總站 Dworzec autobusowy w Krakowie

✉ Bosacka 18, Kraków
☎ +48 703 40 33 40
➡ 位於中央火車總站後方,由克拉科夫拱廊購物中心地下通道穿過火車月台後即可到達
http mda.malopolska.pl/en
MAP P.110

暢遊 Tips

遊客服務中心

克拉科夫擁有豐富的觀光資源,遊客剛到此地,很建議至服務中心索取旅遊資訊,對遊客最方便的據點就屬克拉科夫機場、克拉科夫火車總站與紡織會堂;其他地點可上網查詢。

http infokrakow.pl/en
⏰ 09:00～17:00(機場服務中心營業至19:00)

位於克拉科夫機場1樓大廳的遊客服務中心

克拉科夫大學院
(60分鐘)

步行約10分鐘

瓦維爾皇家城堡、瓦維爾大教堂
(1～3小時)

步行約15分鐘

卡茲米爾猶太區與猶太會堂巡禮
(3小時)

克拉科夫市區交通

克拉科夫主要景點幾乎都集中在舊城區，區內有地面電車與巴士可搭乘，兩者車站相同，上車前要先在售票亭或書報攤購票。車票以時間計價，分成20分鐘、40分鐘、60分鐘、90分鐘，票價2.8PLN起跳，上車後要馬上打票，另外也有販售24小時、48小時、72小時的1～3天票。由於舊城區內的景點之間距離不是太遠，也可徒步前往。

和華沙一樣，克拉科夫的車票也分成Zone1(Z1)和Zone2(Z2)，若只是要在克拉科夫市區遊覽，基本上只要購買Z1的票即可；不過如果要去維利奇卡鹽礦，就需要買Z1+Z2的車票，共分成單程票、兩次票、60分鐘、90分鐘、24小時與7天票。

http www.mpk.krakow.pl

克拉科夫市區車票

購買克拉科夫交通卡 Step by step

Step 1 克拉科夫的購票機。

Step 2 挑選票的種類，一般的計時票選右邊的「Single and multiple journey tickets」，買「KracowCard」選左邊。

Step 3 接下來選Zone1或是Zone1+2。

Step 4 接著選擇全票(Normal)或是優待票(Discount)。

Step 5 最後選擇付款方式，完成購票手續。

KracowCard
一票在手，玩遍克拉科夫

克拉科夫有針對遊客推出的「KrakowCard — Krakow City Pass」，分成2天票與3天票，票價60～120PLN，一票在手可以免費進入許多景點與博物館參觀，也可以直接搭乘市區的大眾交通工具，以及機場往返市區的公車。

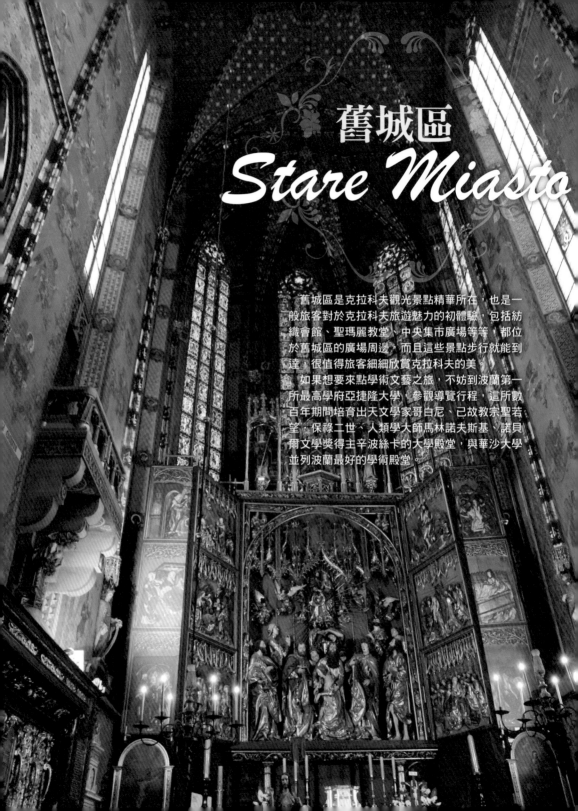

舊城區
Stare Miasto

舊城區是克拉科夫觀光景點精華所在，也是一般旅客對於克拉科夫旅遊魅力的初體驗，包括紡織會館、聖瑪麗教堂、中央集市廣場等等，都位於舊城區的廣場周邊，而且這些景點步行就能到達，很值得旅客細細欣賞克拉科夫的美。

如果想要來點學術文藝之旅，不妨到波蘭第一所最高學府亞捷隆大學，參觀導覽行程，這所數百年期間培育出天文學家哥白尼、已故教宗聖若望・保祿二世、人類學大師馬林諾夫斯基、諾貝爾文學獎得主辛波絲卡的大學殿堂，與華沙大學並列波蘭最好的學術殿堂。

往奧斯威辛—比克瑙
納粹集中營博物館

往若望保祿二世國際機場

Kraków Główny
克拉科夫火車總站

往維利奇卡的
304號巴士站

克拉科夫巴士總站

Galeria Krakowska
百貨公司

Mercure Kraków Stare Miasto
克拉科夫舊城區美居酒店

Wieża Ratuszowa
市政廳鐘樓

Antique Apartments Old Town
老城古董公寓飯店

Krowarzywa Vegan Burger

恰爾托雷斯基
博物館

Brama Floriańska
芙洛里安城門

Ekoidea Serviced Apartments
伊科依迪亞公寓飯店

Cukiernia Michałek

地下博物館

藥劑博物館

Collegium Maius
克拉科夫大學院

Uniwersytet Jagielloński
亞捷隆大學

The statue of Adam Mickiewicz
亞當米凱維茲紀念碑

Sukiennice
紡織會館

聖芭芭拉教堂

Kościół Mariacki
聖瑪麗教堂

SZARA

RynekGłówny w Krakowie
中央集市廣場

Plac
Wszystkich
Świętych
pl. Dominikańska

Kościół św. Wojciecha
聖阿達爾伯特教堂

Kościół SS Piotrai Pawła w Krakowi
聖伯多祿聖保祿堂

Synagoga Remuh

POLAKOWSKI

Wawel Cathedral
瓦維爾大教堂

Wawel Castle
瓦維爾皇家城堡

Isaac Synagogue
以薩會堂

SĄSIEDZI

Popper
Synagogue

Synagoga Tempel

Smok Wawelski
瓦維爾龍

Smocza Jama
龍之洞窟

MOMO
Kazimierz
卡茲米爾猶太區

Stara Synagoga

Wisła 維斯瓦河

Przystań Wawel
瓦維爾船站

克拉科夫

往猶太隔離區Ghetto

往維利奇卡鹽礦

戴著皇冠的最美哥德式教堂

聖瑪麗教堂

Kościół Mariacki

1.美輪美奐的聖瑪麗教堂聖殿／2.哥德式風格的聖瑪麗教堂，是克拉科夫中央市集廣場上最具有代表的建築物／3.教堂內部金碧輝煌

聖瑪麗教堂是克拉科夫最美的哥德式教堂，也是克拉科夫中央市集廣場上最具有代表的建築物，幾個世紀以來一直是城中最主要的大教堂。聖瑪麗教堂最早於13世紀開始興建，之後經歷多次擴建，直到16世紀初才建築成今天大家所看到的模樣。

從正面看，聖瑪麗教堂左右兩邊的高塔高度不對稱，比較低的塔高69公尺，塔頂是文藝復興式設計；比較高的塔則為81公尺，具有瞭望城市的功能，塔樓上有8根裝飾尖頂，被稱為「克拉科夫的皇冠」。

聖瑪麗教堂的外觀或許看起來不如西歐其他教堂壯觀，但是內部極為華麗，最特別的

是耗費12年歲月才打造完成的哥德式聖壇。從1477年開始製作，直到1489年竣工，是波蘭境內歷史最悠久而且最精緻的聖壇，也是世界上最大的哥德式聖壇，被波蘭官方指定為國寶。另外，教堂內的花窗玻璃與雕刻藝術品極其精美，將整座教堂裝飾得美輪美奐，來克拉科夫非常推薦走一趟聖瑪麗教堂，一覽教堂內的莊嚴與美麗。

聖瑪麗教堂因為獨具代表與特色，被許多海外波蘭人修建的教堂所模仿，例如芝加哥的聖彌額爾總領天使堂和St. John Cantius，這兩座教堂的建築設計風格稱為「波蘭主教座堂風格」。

✉pl. Mariacki 5, 31-042 Kraków ☎+48 12 422 07 37 🕐週一～六11:30～18:00，週日14:00～18:00 💲全票15PLN，優待票10PLN 🚇從克拉科夫火車總站步行10分鐘 http mariacki.com ❓若攜帶相機或攝影機入內拍攝，需額外付5PLN拍照費用 MAP P.110

|Extra 小百科|

為什麼會響起號角聲呢？

聖瑪麗教堂的鐘樓頂部，每隔1個小時都會響起號角聲，是為了紀念13世紀時的一位喇叭手。他在蒙古人襲擊城市時，勇敢發出警報警告市民，但此人不幸被蒙古人的弓箭射中喉嚨而喪命，因此號角曲調會在中途中斷。現在的號角聲由波蘭國家電台1台，向波蘭國內外現場直播。

克拉科夫廣場上的文藝復興代表地標

紡織會館
Sukiennice

紡織會館位於老城區的中央集市廣場上，不僅是集市廣場上最顯眼的地標之一，也是克拉科夫文藝復興時期的代表建築，保存相當完好。

回顧紡織會館的歷史，該建築於14世紀建立，當時以交易紡織品為主，正是建築的名稱由來，在15世紀波蘭強盛的黃金年代，甚至可以在紡織會館找到各式各樣來自東方的香料、絲綢、皮革等昂貴的物品。

1555年紡織會館遭逢大火後進行重建工程，奠定了文藝復興風貌，1870年又進行了修復工程，成為今日所見到的樣貌。數百年來，紡織會館招待過無數國際級的貴賓，2002年時還招待過英國查爾斯王子與日本明仁天皇。

目前紡織會館1樓是熱鬧的市集，匯集了手工藝品、琥珀、織品、紀念品等攤位，每個攤位的擺設都經過精心設計，即使不購物純逛街也令人相當賞心悅目。2樓則是「19世紀波蘭繪畫藝廊」(The Gallery of 19th-

1.紡織會館1樓販賣琥珀的店家／**2.**廊柱上華美的裝飾／**3.**紡織會館是克拉科夫文藝復興時期的代表建築／**4.**古典的走廊

Century Polish Art at Sukiennice)。

- -

✉Rynek Główny 1/3, Kraków 📞+48 12 433 54 00 ⏰2樓藝廊週二～六10:00～20:00，週日10:00～18:00，週一休館 💲2樓藝廊全票12PLN，優待票6PLN ➡從克拉科夫火車總站步行15分鐘 🌐mnk.pl 🗺P.104、110

2
3

1.建築充滿中世紀的感覺／**2.**哥德式的市政廳鐘樓／**3.**仰望市政廳鐘樓

1918年波蘭恢復獨立時的象徵

市政廳鐘樓

Wieża Ratuszowa

　　市政廳鐘樓是一座於14世紀末興建的哥德式建築，以石頭與磚砌製而成，樓高70公尺，就位在紡織會館旁邊，當時市政廳鐘樓內部還有許多精緻的房間。到了1820年，當年為了開闢克拉科夫中央集市廣場，將整個

市政廳拆除，僅保留市政廳鐘樓於原址。如今，市政廳鐘樓每到夏季會對外開放，遊客可以從鐘樓上俯瞰整個中央市集廣場，景色非常宜人。

　　市政廳鐘樓對波蘭人還具有象徵解放的意義，波蘭在1918年恢復獨立時，當時波蘭國旗就是插在市政廳鐘樓頂端。

✉Rynek Główny 1, Kraków ☎+48 12 619 23 35 ⏰4～10月週一～日09:00～19:00，11～12月週一～日12:00～16:00，1～3月上旬休館 💰全票7PLN，優待票5PLN ➡從克拉科夫火車站步行約15分鐘 http www.mhk.pl MAP P.110

1

歐洲最大的中世紀廣場

中央集市廣場

Rynek Główny w Krakowie

　　中央集市廣場是克拉科夫舊城區的主要廣場，不僅為波蘭最大的集市廣場，甚至堪稱全歐洲最大的中世紀廣場。整個廣場面積約4萬平方公尺，整體格局約在1257年左右成形至今，並沒有太大的變化。廣場上有充滿濃厚文藝復興風格的紡織會館、宏偉的哥德

式建築代表聖瑪麗教堂、市政廳鐘樓、聖阿達爾伯特教堂，以及波蘭愛國詩人亞當米凱維茲雕像，在2005年被選為世界最佳廣場。

　　中央集市廣場不論早晚總是人聲鼎沸，可以看到許多波蘭民眾坐在亞當米凱維茲雕像旁，開心地聊著天，或是坐在露天咖啡廳欣賞熙熙攘攘的人潮。有時還會有馬車在廣場上遊行，伴隨著街頭音樂家與藝術家的精采表演，更增添中央集市廣場的歐式風情。

✉Rynek Główny, Kraków ➡從克拉科夫火車站步行約15分鐘 MAP P.104、110

1.紡織會館與中央集市廣場／**2.**廣場周圍有許多露天餐廳

2

10世紀以來的石砌教堂

聖阿達爾伯特教堂
Kościół św. Wojciecha

充滿羅馬式建築風格的聖阿達爾伯特教堂，藍綠色的圓頂配上白色的方塊建築主體，造型相當醒目，是波蘭最古老的石砌教堂，位於中央集市廣場東南方，教堂內小巧精美，其歷史可追溯至10世紀。

✉ pl. Mariacki 6, 31-042 Kraków ☎ +48 60 132 17 42
🕐 週一～六09:00～18:00，週日13:30～18:00 💲 免費
➡ 從克拉科夫火車站步行約15分鐘 🌐 wojciechnarynku.
pl 🅼 P.110

1.聖阿達爾伯特教堂顯眼的藍綠色屋頂／**2.**教堂內部

波蘭著名愛國詩人

亞當米凱維茲紀念碑
The Statue of Adam Mickiewicz

✉ Rynek Główny, Kraków ➡ 從克拉科夫火車站步行約15分鐘 🅼 P.110

亞當米凱維茲是19世紀波蘭的偉大浪漫派詩人兼民族英雄，被譽為「波蘭的莎士比亞」，這座紀念碑位於克拉科夫老城區中央廣場上，不僅為地標之一，也是波蘭境內著名的雕像。在亞當米凱維茲雕像下方共有4個象徵的寓意像：祖國、科學、勇氣、詩歌，而亞當米凱維茲所站著的石柱上，則寫著「致國家詩人，亞當·密茨凱維奇(To Adam Mickiewicz, the Nation)」。

每逢假日，亞當米凱維茲雕像附近常常聚集大群遊客坐在此處聊天、休息，這裡也是克拉科夫舊城區欣賞整個中央集市廣場與紡織會館的好地方，克拉科夫居民還常將此作為聚會地點。

亞當米凱維茲紀念碑是集市廣場上的指標

1.克拉科夫第一棟巴洛克式建築就是聖伯多祿聖保祿堂／2.裝飾雕刻非常華麗的天頂／3.教堂內被寧靜而莊嚴的氛圍所圍繞

克拉科夫第一棟巴洛克式建築

聖伯多祿聖保祿堂

Kościół ŚŚ Piotra i Pawła w Krakowi

聖伯多祿聖保祿堂是克拉科夫第一棟巴洛克式建築，是波蘭齊格蒙特三世·瓦薩國王為耶穌會所興建的教堂。建於1597～1619年，為羅馬天主教教堂，不過，19世紀初的聖伯多祿聖保祿堂，曾經一度被改作為東正教教堂，所幸後來又再度改回天主教教堂使用。

來到聖伯多祿聖保祿堂，先別急著走入教堂內。不妨抬頭看看教堂外12尊美麗的使徒雕像，轟立在大門前的石基座上，充滿濃厚巴洛克風格，整體給人的感覺莊嚴而華麗，內部潔白的屋頂搭配巴洛克風格的主祭壇，則是帶來一種寧靜的感覺。

✉Grodzka 52A, 31-044 Kraków ☎+48 12 422 65 73 ◷4～10月週一～六09:00～17:00，週日與節日13:30～17:30；9～3月週一～六11:00～15:00，週日與節日13:30～17:30 💲免費 ➡從克拉科夫火車站步行約20分鐘 http apostolowie.pl MAP P.110

波蘭最古老的大學建築

克拉科夫大學院
Collegium Maius

　　克拉科夫大學院是亞捷隆大學中最古老的建築，其歷史可以追溯至14世紀。第二次世界大戰之後，克拉科夫大學院被用來作為博物館，收藏許多大師作品與歷史紀念物，以及豐富的科學儀器，包括星盤、地球儀、望遠鏡、顯微鏡、存放數百年的巧克力等展品，並完整保留過往教授們使用的餐廳、學生上課的空間等，經過導覽員的解說，亞捷隆大學的歷史彷彿活生生地呈現在遊客面前。

　　曾經造訪過克拉科夫大學院的國際名人，包括大教宗聖若望·保祿二世、英國女王伊麗莎白二世以及日本天皇。

　　克拉科夫大學院旁邊還有一個寧靜小巧的教授花園，磚紅色的建築若隱若現於林蔭大樹與滿地綠藤的環境，讓人感受濃濃的學術氣息。

✉ul. Jagiellońska 15, 31-010 Kraków ☎+48 12 663 13 07 ⏰4～10月週一、三、五10:00～14:20、週二、四10:00～17:20、週六10:00～13:30；11月～隔年3月週一～五10:00～14:20、週六10:00～13:30。週日與假日休館 💲12PLN ➡從克拉科夫火車站步行約20分鐘 ⏳導覽約40分鐘 🌐www.maius.uj.edu.pl 🗺P.110

1.有名的中庭廣場／**2.**大學院內部的展示廳／**3.**曾是學生上課的會堂教室，室內裝潢非常氣派

1.克拉科夫舊城鬧區的芙洛里安城門／2.城門附近的雕像藝術／3.藝術家的繪畫作品一字排開時,相當有氣勢

克拉科夫舊城區代表

芙洛里安城門
Brama Floriańska

芙洛里安城門興建於14世紀初,是著名的波蘭哥德式塔樓,除了代表克拉科夫舊城區的起點,也是克拉科夫城市現代化之後,唯一被保留下來的舊城門。順著芙洛里安大街

一直走,就會來到克拉科夫中央集市廣場。

城門正對的是芙洛里安大街(Floriańska Street),是克拉科夫上很熱鬧一條街道,舉凡餐廳、旅館、咖啡廳、服飾店、工藝品店、紀念品店等等應有盡有,也吸引許多街頭藝人到此表演,更增添逛街時的趣味,因此街道上觀光客總是絡繹不絕。

靠近城門處,可以看到許多藝術創作家,將自己五彩繽紛的作品掛在城牆外,形成別具風味的街頭景象,向遊客們展現克拉科夫特別的一面。

✉Floriańska 31-019 Kraków ➡從克拉科夫火車站步行約7分鐘 MAP P.110

波蘭第一所最高學府

亞捷隆大學
Uniwersytet Jagiellońsk

亞捷隆大學是由波蘭國王卡齊米日三世創建於1364年,創校時間比起華沙大學更久,過往曾稱為克拉科夫大學,在1817年才正式以奠定其發展基礎的亞捷隆王朝命名至今,是波蘭第一所大學。此外,亞捷隆大學的圖書館堪稱波蘭最大的圖書館,現有藏書高達650萬冊,其中不乏許多珍貴的中世紀手稿,包括哥白尼的《天體運行論》原稿。

由於亞捷隆大學創校歷史悠久,數百年期間培育出許多知名偉人,包括天文學家哥白尼、已故教宗聖若望·保祿二世、人類學大師馬林諾夫斯基、諾貝爾文學獎得主辛波絲卡等,與華沙大學共同被視為波蘭最好的學術殿堂。

不過,亞捷隆大學的建築群並沒有

校園前的雕像

一個完整的校區,而是散落在克拉科夫舊城區中,若時間充足,不妨隨興漫步、欣賞這座充滿歷史與學術氣息的大學殿堂。

✉ul. Gołębia 24, 31-007 Kraków ➡從克拉科夫火車站步行約20分鐘 http www.uj.edu.pl MAP P.110

瓦維爾
Wawel

　　瓦維爾可說是昔日波蘭皇室的象徵，長期以來，瓦維爾城堡一直是波蘭皇室的下榻地，除了建築本身非常具有看頭，揉合了哥德式與文藝復興兩大風格的外觀，城堡內部則充滿中世紀皇室華麗貴氣的擺設，歷代波蘭皇室成員及名人長眠於瓦維爾大教堂。

　　瓦維爾城堡是集合了歷史、建築與藝術於大成的重要象徵代表，全盛時期從國王卡茲米爾三世開始，直到16世紀，中間長達數百年之久。即使後來波蘭首都搬遷至華沙，依舊無損瓦維爾在波蘭人民心目中的神聖地位。

1.瓦維爾是克拉科夫經典的景點之一／2.瓦維爾園區裡的聖若望・保祿二世雕像／3.瓦維爾城堡的中庭

波蘭國家的象徵

瓦維爾皇家城堡
Wawel Castle

瓦維爾城堡是克拉科夫最經典的景點之一。位於舊城區南部山丘上的瓦維爾，主要分成瓦維爾皇家城堡與瓦維爾皇家教堂兩大部分，集合了歷史、建築與藝術於大成，一直到16世紀末都是波蘭皇室的下榻地。即使後來波蘭的首都遷至華沙，仍無損瓦維爾在波蘭人民心目中的地位，將瓦維爾皇家城堡看作是波蘭國家的象徵更是一點也不為過。

瓦維爾皇家城堡是由波蘭齊格蒙特國王所興建，揉合了哥德式與文藝復興兩大風格，城堡內盡是16、17世紀華麗精緻的家具與擺設，並掛著歷代國王的肖像。1930年以後，城堡以博物館的形式開放外界入內參觀，現在甚至被視為波蘭最頂級的藝術博物館之一，裡面展示東方藝術與鄂圖曼藝術收藏品的規模堪稱波蘭首屈一指之地位。

目前瓦維爾皇家城堡被規畫了五大展覽區，包括：國事廳(State Rooms)、皇冠珍

寶與兵器館(Crown Treasury and Armoury)、皇室私人寓所(Royal Private Apartments)、失落的瓦維爾(The Lost Wawel)、東方藝術館(Oriental Art)。其中最珍貴的展覽品就屬16世紀末的掛毯收藏，上面的圖案講述著聖經故事，還帶有昔日波蘭立陶宛時代的盾徽，見證了當年的輝煌歷史。此外，在皇冠珍寶館中收藏著1320年以來，波蘭國王加冕儀式時使用的加冕寶劍「Szczerbiec」，是瓦維爾皇家城堡內唯一被留下來的王權象徵寶物。

✉ Wawel 5, 31-001 Kraków ☎ +48 12 422 51 55 ⏰ 各景點開放時間略有不同，每日營業時間主要從10:00～16:00，建議遊客出發前至官網確認 💲 瓦維爾皇家城堡分為多個部分，提供單館票與聯合多館票，全票約8～25PLN，實際票價請以售票廳為主。部分時段開放免費參觀 ➡ 由克拉科夫車站往舊城區西南方步行約25分鐘，可搭乘19號電車至Dworzec Główny下車 ⏳ 約2～3小時 🌐 www.wawel.krakow.pl/pl 🗺 P.104、118

暢遊 Tips

上網確認各館區開放時間與票價

瓦維爾皇家城堡館區多，又各自有不同的開放時間與票價，部分館區還有限時免費參觀，出發前建議先上網確認開放時間與門票價格。由於入館有限制，夏季時特別建議上午前往。另外，皇室私人寓所(Royal Private Apartments)只有導覽行程，需特別留意。

瓦維爾大教堂
Wawel Cathedral

瓦維爾大教堂在波蘭人心目中的地位相當神聖，除了受到波蘭尊敬的大教宗聖若望・保祿二世曾在此主持過第一場彌撒，大教堂地下室更是波蘭歷代君王加冕與長眠之處。包括造就波蘭鼎盛時期的卡齊米日三世，還有愛國詩人亞當米凱維茲、波蘭國父畢蘇斯基；2010年4月墜機遇難的波蘭總統萊赫・卡欽斯基與夫人瑪麗亞・卡欽斯卡亦安葬於此，可說是記錄波蘭歷史軌跡的重要聖地。

充滿哥德式建築風格的瓦維爾大教堂，最早興建於14世紀，不過後來歷經多次修建，又增添了文藝復興時期與巴洛克風格建築，因此現在的教堂外觀，總共集合了4種不同的建築風格。

值得注意的是興建於1517～1533年的西

1.揉合4種不同建築風格的瓦維爾大教堂／**2.**西吉斯蒙德小教堂的金色圓頂，非常引人注意／**3.**美麗的瓦維爾大教堂

吉斯蒙德小教堂(Kaplica Zygmuntowska)，位於大教堂南端，其搶眼的金黃色圓頂搭配方型的建物，很難不被遊客注意。西吉斯蒙德教堂由義大利建築師一手打造，因此被譽為「義大利以外最純淨的文藝復興建築」，裡面安葬著波蘭國王西吉斯蒙德一世和西吉斯蒙德。

✉ Wawel 3, 31-001 Kraków ☎ +48 12 429 95 16 🕐 4～10月週一～六09:00～17:00，週日12:30～17:00；10月～隔年3月，週一～六09:00～16:00，週日12:30～16:00；大教堂博物館週日休館 💲 12PLN 🚶 由克拉科夫車站往舊城區西南方步行約25分鐘，可搭乘19號電車至Dworzec Główny下車 🌐 www.katedra-wawelska.pl ⚠ 內部不可拍照 🗺 P.110、118

1.出口的噴火龍，是克拉科夫的代表魔獸／2.參觀龍之洞窟很像進入異世界／3.旁邊賣玩偶的小販

克拉科夫有名的噴火龍傳說

龍之洞窟
Smocza Jama

龍之洞窟是一個2,500萬年前形成的石灰岩洞，直到 16 世紀才被發現。洞穴長度超過250公尺，但為了安全起見，僅開放80公尺的參觀路線，從入口下去後要先經過一個135階的長階梯進入洞穴。

關於這個洞穴，波蘭流傳一個古老的傳說。相傳以前維斯瓦河住著一條會噴火的惡龍，特別喜歡吃年輕少女，在眾人都苦無辦法的時候，一位鞋匠學徒想到利用硫磺與瀝青先將羊染色，再引誘噴火龍吃下，吃了之後噴火龍感到劇烈口渴，必須拚命豪飲維斯瓦河的水，最後因為喝水過量，撐破肚皮而死。噴火龍的死讓當時的國王備感欣慰，因此將公主許配給這位勇敢聰明的鞋匠。

日後，當地政府在相傳噴火龍出沒的龍洞出口，設立了一座大型噴火龍銅像，據說只要摸一摸銅像，就會帶來好運。

⊙5、6月10:00～18:00，7、8月10:00～19:00，4、9、10月10:00～17:00，11～3月休館 ⑤3PLN ➡瓦維爾城堡靠近維斯瓦河處 ⌛15分鐘 MAP P.110、118

超過700年的地下鹽礦世界

維利奇卡鹽礦

　　站在維利奇卡鹽礦(Kopalnia Soli w Wieliczka)的地面建築物前面，你絕對想像不到地下的世界有多龐大與複雜，絕對是一個到克拉科夫旅行時不容錯過的特殊景點。

　　維利奇卡鹽礦位於克拉科夫市中心東南方約15公里左右的維利奇卡小鎮，最早可以回溯至11世紀開始有開採紀錄，自1250年起正式進入主要開採時期。到了14、15世紀，維利奇卡鹽礦躍升為波蘭重要的鹽礦開採城鎮。至今已經運行超過750年之久，是全球最古老的鹽礦之一，更是世界上唯一一個從中世紀運行至現代的採鹽礦坑，直到1996年才停止商業開採。由於維利奇卡鹽礦的特殊性與歷史定位，此處在1978年被聯合國教科文組織列為世界文化遺產。

　　維利奇卡鹽礦還設有地下療養院，該區的鹽浴自19世紀中期被發現具有療養功能，遊客可以預約當日或住宿療養課程。

　　現今維利奇卡鹽礦共有26個礦坑、高達9層結構，淺層就已經位在地底65公尺處，最深直達地下327公尺，目前開放給觀光客的部分僅是最淺層的3層，也就是65～135公尺之間。光是這樣就要花上2個小時參觀，

看起來不是太起眼的維利奇卡鹽礦正門口

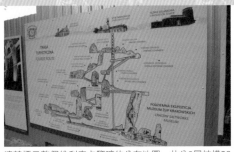

清楚標示整個維利奇卡鹽礦的分布地圖，共分9層結構26個礦坑，目前只開放最上面3層供參觀

而且也只參觀整座鹽礦的1%，可想像整個鹽礦是多龐大的結構體。經統計地下蜿蜒曲折的通道總長度，合計達300公里，等同於台灣中山高速公路基隆至台南的距離。

✉ ul. Daniłowicza 10, 32-020 Wieliczka ☎ +48 12 278 73 02 ⏰ 4～10月07:30～19:30，11月～隔年3月08:00～17:00，12月31日08:00～16:00，1月1日、11月1日、12月24日與25日、復活節公休 💲 全票89PLN，優待票69PLN，暑假期間全票94PLN，優待票74PLN；若要攝影再加收10PLN ➡ 巴士：從克拉科夫拱廊購物中心旁的站牌，搭304號公車至維利奇卡鹽礦站(Wieliczka Kopalnia Soli. Zone1)下車，車程約20分鐘，車資4PLN。小巴：從克拉科夫巴士總站旁邊，搭乘往搭乘往Wieliczka方向的小巴。火車：克拉科夫

維利奇卡鹽礦外文導覽

到維利奇卡鹽礦一定要跟著外文導覽逛，現場提供英語、義大利文、法文、德文、俄文、西班牙文與波蘭文導覽，全程約2個小時。導覽除了會向遊客介紹鹽礦的歷史與觀光亮點，也能確保遊客在長達300公里的地下鹽礦中不會迷路。

因為必須配合外文導覽的時間，現場購票後可能需要等待半小時到1小時的時間，才能跟著導覽入場，這時可以先到鹽礦後面的公園逛逛，或是欣賞鹽礦門口的特色攤販，販售許多在台灣不常見的鹽製美容商品、紀念品、手工藝品等。不想等待的遊客，也可以事先上官網購票，還能預定導覽場次，更節省時間。

火車總站搭火車至維利奇卡鹽礦站(Wieliczka Rynek Kopalnia) ⏳ 3小時 🌐 www.wieliczka-saltmine.com ❓ 導覽提供不同語言，但沒有中文，對台灣人最方便的就是英文團 🗺 P.110

維利奇卡鹽礦旁邊的小店，販售許多鹽製裝飾品與保養品

1.以前鹽礦除了以以人力開採，也會使用獸力搬運石塊、鹽塊，配合滑輪運輸系統，以增加開採效率／2.進入維利奇卡鹽礦，要先走過一段蜿蜒且深不見底的階梯

地底下的奇妙世界

　　要正式進入維利奇卡鹽礦，必須經過一條長達380級的木階梯，才能到達地底下的第一層鹽礦層。跟著導覽的腳步，參觀地下各式各樣以鹽雕刻而成的教堂、宮殿、燈飾、浮雕壁畫，這些都是鹽礦工人長年在地底下慢慢雕鑿而成；而地下不少禮拜堂與聖人的鹽刻雕像，就是為了讓虔誠信仰的工人，在地下也能有禱告之處。除了鹽雕，鹽礦中也設置了很多工人工作時的模型，當時還會將馬匹運至礦坑中工作，透過這些模型，讓遊客親自體驗與了解不同時代的礦工，是如何在地底下的日常工作及生活。

|Extra 小百科|

維利奇卡鹽礦守護神：金加公主

　　嫁給波蘭公爵的金加公主(Kinga)，被礦工視為維利奇卡鹽礦的守護神。關於金加公主與鹽礦的傳說有兩個，第一個是相傳金加公主嫁來波蘭時，發現波蘭境內並沒有任何鹽礦，便跟父王要一座作為嫁妝。另一則是金加公主遺失了一枚戒指，在尋找戒指的過程中，意外發現維利奇卡鹽礦的存在，並順利找回戒指。由於金加公主生平致力於公益事業，被後世封為聖人。

金加公主與維利奇卡鹽礦的故事，被礦工雕刻成雕像

地下聖金加禮拜堂

　　鹽礦中最有名的就屬最宏偉的地下聖金加禮拜堂(St. Kinga's Chapel)。整座禮拜堂長54公尺、寬17公尺、高12公尺，除了難以想像在地下鹽礦能有一個如此寬廣的禮拜堂，周圍的聖若望・保祿二世雕像、天花板上的水晶燈、牆壁上《最後的晚餐》壁畫等等，全部都是以鹽雕刻而成。據說這座禮拜堂建造於19世紀末，由工人們花了超過30年的時間，才將2萬噸的鹽岩移除，之後又花了數十年的時間來完成禮拜堂內令人嘆為觀止的各項裝飾。

　　由於以前的礦工終日在不見天日的鹽礦內工作，而且以當時的技術來看，開採鹽礦是相當危險的工作。要面對地底的氣體、地下水，以及堅硬的大石塊等惡劣環境，礦工自然希望能有一個精神寄託之地，因此才會在地底修建如此宏偉壯觀的禮拜堂。目前禮拜堂開放民眾每週可作禮拜，特殊節日會舉辦彌撒，也可以選擇在此舉辦結婚典禮。

1.在神聖的聖金加禮拜堂舉辦結婚典禮的佳偶／**2.**與真人等身高的聖若望・保祿二世鹽製雕像，增添聖金加禮拜堂的莊嚴感／**3.**鹽雕壁畫全部都是一刀一刀慢慢雕製完成，只有親身經歷才知道現場震懾人心之感／**4.**全部以鹽礦雕刻而成的聖金加禮拜堂，宏偉而莊嚴，是花上超過70年的時間打造而成的

鹽湖與龐大的木製結構

再往更深層走，會看到一座靛藍的龐大鹽礦湖泊，靜靜凝視會帶來內心平靜之感。據傳此座鹽湖有治療疾病效果，此處以前曾經開放作溫泉療養之用，而且鹽湖還能製成浴鹽，天天使用對身體健康有所裨益。除了自然景觀與人工雕飾，參觀鹽礦的途中，會見到一座非常龐大的木製結構物，有數層樓高，用途是拿來支撐鹽礦結構。由於鹽礦自1250年開採至今已超過750年，部分鹽礦內部結構受到開採、環境濕度與鹽分等影響，開始變得脆弱，必須靠這些木製支架支撐，否則鹽礦很可能倒塌或發生危險。

整個鹽礦參觀完成後，會搭乘特殊的礦坑升降梯，一路由地下60、70層樓的深度回到地面，完成這趟令人難忘的礦坑之旅。

1.散發藍綠色光芒的地底鹽湖，充滿靜謐之美／2.另一座鹽湖，其中設有一條狹小水道，礦工會利用這些水道穿梭於鹽湖之中，過往曾開放給遊客參觀，但目前已不對外開放／3.位於地底下的龐大木製結構物，用來支撐運行超過700年的鹽礦，防止坍塌，面積之龐大與複雜，至少有好幾層樓的高度

好玩 PLUS

在此用餐別有一番鹽礦風味

導覽的最後一站會停留在紀念品販售處與餐廳，通常遊客這時候就會準備去搭升降梯回到地面。如果時間不趕的話，不妨留在地底餐廳用餐，休息一下，除了價錢公道，還可以再感受一下鹽礦風情。鹽礦餐廳販售的餐點，以傳統波蘭美食為主，像是波蘭水餃、香腸、炸豬排等，風味不錯。

鹽礦地下餐廳，販售的美食以波蘭傳統食物為主，價格公道

歐洲最大的猶太區

Spotlight
特寫鏡頭

卡茲米爾

位於舊城區南邊的卡茲米爾是著名的猶太區，也是電影《辛德勒的名單》拍攝地點，整體建築風格與克拉科夫舊城區截然不同，此區也因為電影，再度受到重視。該區在二戰時期曾遭德國納粹殘忍蹂躪，居住於卡茲米爾的猶太人，多數都被驅趕至隔著維斯瓦河的Podgórze區，也就是當時的猶太隔離區(Ghetto)，並有系統地被轉送至集中營。

如今，這裡的歷史傷痛已經漸漸淡去，除了許多猶太會堂與猶太墓園，時尚的猶太餐廳、有個性的咖啡店、小酒館林立，讓卡茲米爾區成為新興的聚會之處。

➡ 可從克拉科夫舊城廣場步行15～20分鐘，或從舊城區搭乘8號、13號電車至卡茲米爾 ⏳2小時～半天 📍 P.104、110

1.卡茲米爾區的餐廳／**2.**猶太會堂附近的廣場，現在餐廳林立

好玩 PLUS

猶太會堂巡禮

卡茲米爾有許多猶太會堂(Synagoga)，其中最具有代表性的就屬老猶太會堂(Stara Synagoga)。這是波蘭現存最古老的猶太會堂，建造於15世紀，曾經是生活在克拉科夫猶太人的宗教與生活中心，也是歐洲珍貴的猶太建築地標之一，旁邊是克拉科夫猶太歷史與文化博物館。

Berka Joselewicza
Brzozowa
Jakuba
Józefa Dietla
Józefa Dietla
Podbrzeże
Miodowa
POLAKOWSKI
Stradomska
SĄSIEDZI
Szeroka
Synagoga Tempel
Kupa Synagogue
Popper Synagogue
MOMO
Miodowa
Jonatana Warszauera
Synagoga Remuh
Kupa
Dajwór
Plac Nowy
猶太廣場
Estery
Isaac Synagogue
以薩會堂
Strara Synagoga
克拉科夫猶太歷史與文化博物館
Meiselsa
Bożego Ciała
Nowa
Józefa
Wąska
Bartosza
Starowiślna
Augustiańska
Krakowska
Św. Wawrzyńca
Węglowa
Gazowa

卡茲米爾猶太區

最古老的猶太會堂

Stara Synagoga

　　Stara Synagoga是猶太教正統派的猶太會堂，興建於15世紀，不僅為波蘭境內歷史最悠久的猶太會堂，也是歐洲最著名的猶太建築代表。目前Stara Synagoga猶太會堂被作為博物館使用，常舉辦各式不同的展覽，讓來參觀的遊客更了解有關猶太會堂的歷史、猶

太法律、猶太傳統與慶祝活動的資訊，非常具有教育意義。

✉Szeroka 24, 31-053 Kraków ⏰4～10月週一10:00～14:00、週二～日09:00～17:00，11月～隔年3月週一10:00～14:00、週二～四與週六～日09:00～17:00、週五10:00～17:00 💲11PLN，週一免費 🗺P.110、128

1.Stara Synagoga現在被用作博物館／2.很具有代表性的猶太建築

少數未受納粹破壞的猶太會堂

Synagoga Tempel

Synagoga Tempel興建於1862年，納粹占領期間被作為倉庫與畜舍之用，但也因此，是少數位於卡茲米爾區，未受到納粹破壞的會堂。如今，Synagoga Tempel成為卡茲米爾地區猶太文化活動與交流的重要地點之一，此處經常舉辦許多音樂會、宗教祭典活動，特別是在每年夏季一年一度的猶太文化節期間，相關活動讓Synagoga Tempel熱鬧非凡。

走進Synagoga Tempel，可以見到內部充滿華麗精美的摩爾式金箔圖案設計，襯托整個會堂金碧輝煌，令人目不轉睛。

✉Miodowa 24, Kraków ☎+48 12 430 54 11 ⏰週日～五10:00～16:00，週六公休 💲12PLN 🗺P.110、128

1.充滿金碧輝煌裝飾的會堂內部／**2.**走進會堂就能感受到莊嚴的氛圍／**3.**位置顯眼的Synagoga Tempel

猶太富商建造的猶太會堂

Popper Synagogue

Popper Synagogue是由猶太富商沃爾夫波普爾(Wolf Popper)在1620年時所建造，但不幸於二戰期間遭到破壞，內部幾乎都被毀壞，無一倖免。後來經修復後，目前是一家專售猶太相關書籍的書店，2樓為小展覽廳。

✉ul. Szeroka 16 , 33-332 Kraków ☎+48 12 430 68 89
🕐週一～四10:00～18:00，週五～日10:00～19:00 🗺
P.110、128

1.Popper Synagogue現在是一家書店／**2.**書店內部，販售猶太相關的書籍

....

克拉科夫最小的猶太會堂

Synagoga Remuh

歷史可追溯至1553年的Synagoga Remuh，由16世紀著名的波蘭猶太教教士摩西伊塞爾斯家族創立，是目前為克拉科夫最小，但依舊活躍的猶太會堂。旁邊毗鄰著舊猶太墓園，許多猶太名人都葬在此。不論是Synagoga Remuh會堂本身或是墓園，如今都是全球虔誠的猶太人重要朝聖之地。

✉ul. Szeroka 40, Kraków ☎+48 12 429 57 35 🕐週日～五09:00～18:00，週六公休 💲10PLN 🗺P.110、128

1.Synagoga Remuh是克拉科夫最小的猶太會堂
2.Synagoga Remuh旁的墓園

會堂中擁有美麗的裝飾
以薩會堂Isaac Synagogue

充滿猶太巴洛克風格的以薩會堂，是卡茲米爾猶太富商伊扎克(Jakubowicz)在1644年所建造的猶太會堂。該會堂特別之處，在於內部以蔓藤花紋與拱門的設計，以及牆上的經文裝飾，在克拉科夫猶太會堂中具有獨特的代表地位。甚至有建築史學家認為，以薩會堂是克拉科夫所保存下來的猶太會堂建築中，最重要的一座會堂。

✉ul. Kupa 18, Kraków ◐週日～四09:00～19:00，週五09:00～15:00，週六休館 $10PLN ◪P.110、128

1.充滿猶太巴洛克風格的以薩會堂／**2.**以薩會堂最大的特色是牆上有經文裝飾

猶太人的主要市集
猶太廣場Plac Nowy

位於卡茲米爾的猶太廣場，在19世紀曾是猶太人的主要市場，中間的圓形大廳是家禽的祭祀屠宰場，也是當時的地標。如今猶太廣場周圍被新興的咖啡店包圍，廣場上則是小食肆林立，許多年輕人都喜歡與朋友坐在

1.Zapiekanka可說是波蘭比薩，有多種口味可以選擇，當地人點完通常就地享用／**2.**猶太廣場過去是猶太人集會的重要地點

路邊輕鬆享用美食。

來到猶太廣場，務必要品嘗這裡食店販賣的傳統波蘭美食——波蘭比薩(zapiekanka)，有多種口味任君挑選，而且便宜、好吃，上頭的配料可以自行選擇，甚至有此一說是，來到猶太廣場沒吃波蘭比薩，就如同到都柏林卻沒喝黑啤酒一樣。

➡由舊城區搭乘電車52、8號，在Stradom3t下車 ◪ P.104、110、128

不可抹滅的歷史傷痕

Podgórze

Podgórze位在卡茲米爾區以南,依著維斯瓦河,原本是一個擁有特殊地理景觀的地區,「Podgórze」這個字本身為「山麓小丘」之意,但因為其特殊的地理條件,在二戰時期被納粹作為猶太隔離區,開啟了克拉科夫猶太人苦難歷史的第一章,也讓此區至今仍充滿猶太隔離區的歷史痕跡。外牆陳舊的房屋、帶著殘破感的建築、殘存的隔離區圍牆……漫步其中,能深刻體會猶太隔離區的氛圍,也讓這裡與克拉科夫其他區域大相逕庭。

➡ 舊城區搭乘13號電車至隔離區站Ghetto下車,步行至周邊景點 ⏳ 1小時 MAP P.104

1.帶著灰色調的陳舊建築／2.隔離區的氛圍與克拉科夫其他地方都不同／3.隔離區的街景

Podgórze 卡茲米爾

地圖標示（由左至右、上至下）：

Powstańców
Podgórska
Kraków Zabłocie
Schindler's Factory 辛德勒工廠
Wisła 維斯瓦河
Nadwiślańska
Plac Bohaterów Getta 英雄廣場
Kącik
Lipowa
Piwna
Na Zjeździe
Romualda Traugutta
Krakowska
Józefińska
APTEKA POD ORŁEM 老鷹下藥局
Piłsudskiego
Przy Moście
Leglonów
Krakusa
Limanowskiego
Lwowska
J. Henryka Dąbrowskiego
Węgierska
Św. Benedykta
Czarnieckiego
Ghetto Wall
Kalwarijska
Piłsudskiego
Rękawka
J. Zamoyskiego
Tatrzańska
Podgórze 猶太隔離區

二戰時猶太人苦難的開始

猶太隔離區
Ghetto

1949年3月二戰期間，納粹德國在Podgórze區闢了一個猶太隔離區，隔離區內有30條街、320棟公寓，當年高達1萬5千名猶太人被迫擠進這個空間生活，平均一間公寓容納4個猶太家庭，沒有棲身之地的猶太人則被迫流落街頭。

當年隔離區有4個備有守衛的入口，如今僅在ul. Lwowska 25-29保留了小部分城牆，上面寫著紀念碑文：「這裡是他們曾經居住、受苦，以及殞落在希特勒酷刑之下的地方。從這裡，他們開始了通往死亡集中營的最後旅程。(Here they lived, suffered and perished at the hands of Hitler's executioners. From here they began their final journey to the death camps.)」

✉ ul. Lwowska 25-29, Kraków、Solna、Na Zjeździe、Piwna一帶 ➡舊城區搭乘13號電車至隔離區站Ghetto下車，步行10分鐘 ⏩P.104、133

1.僅存的隔離區城牆，過去猶太人只能生活在牆內擁擠的空間／**2.**很難想像這裡在二戰時曾是猶太人的受苦地

1.用雕塑重現猶太人當時困苦的生活／2.辛德勒工廠的大門／3.黨衛軍的軍服複製品

因《辛德勒的名單》聲名大噪的景點

辛德勒工廠
Schindler's Factory

因為電影《辛德勒的名單》而聲名大噪辛德勒工廠，是由德國人奧斯卡‧辛德勒(Oskar Schindler)所經營，在二戰納粹統治時期雇用了大批猶太人，因此拯救了上千名猶太人的性命。

為了賄賂納粹，同時又要替工廠內的猶太工人購買物資，辛德勒最終散盡積蓄，過世時一貧如洗，下場並不美好。不過，當年受辛德勒救助而逃離納粹魔掌的猶太人，為了感謝他對猶太人所做的一切，在辛德勒過世後，將他安葬於猶太聖地耶路撒冷。

辛德勒工廠自2010年6月成為對外開放的博物館，由克拉科夫歷史博物館所管理，裡面分成克拉科夫歷史博物館以及克拉科夫現代藝術博物館兩大部分。其中，歷史博物館為博物館精華所在，講述1939～1945年第二次世界大戰納粹德國占領期間，克拉科夫最慘痛的歷史經歷。對於集中營歷史有興趣的人來說，辛德勒工廠是相當值得參觀的博物館。博物館內珍藏著許多珍貴歷史資料，包括克拉科夫的戰前舊照、當時猶太人留下的文字、倖存者的照片、戰時的武器等，並重現二戰當時街道景色、隔離區擁擠破舊且狹小的居住環境，讓人身歷其境，也對二戰這段歷史有更深刻的體驗。博物館展區內也特別闢了一間《辛德勒的名單》的辦公室場景，現場有上千個未上漆的陶瓷器皿，代表著每一位獲得辛德勒拯救的猶太人。

✉ ul. Lipowa 4,30-702 Kraków ☎ +48 12 257 10 17 ⏰ 11月～隔年3月週一10:00～14:00，週二～日10:00～18:00；4～10月週一10:00～16:00，週二～日09:00～20:00，每月第一個週一營業至14:00，每月第一個週二休館，閉館前90分鐘關閉入場 💲 24PLN ➡ 舊城區Basztowa車站搭乘3、9、13、24號電車，在Pl. Bohaterow Getta下車，沿著ul. Kącik走，經過高架鐵軌，直走ul. Lipowa ⏳ 至少1.5小時 http www.mhk.pl/branches/oskar-schindlers-factory MAP P.104、133

二次大戰時猶太人大屠殺的象徵

英雄廣場
Plac Bohaterów Getta

　　英雄廣場上有一片象徵猶太人在二次世界大戰時悲慘遭遇的椅子雕像，共有68把椅子設立在廣場中央，象徵著曾經在這裡生活與受苦的6.8萬名猶太人。另外，此處也是二戰時納粹德國將隔離區猶太人遣送至集中營的集合地，將猶太人驅趕上開往集中營的死亡巴士，祕密警察則在廣場前方的小房間，監視著被集中於此的猶太人一舉一動，這個畫面光是在腦海中想像就足以讓人打寒顫。

✉ Solna 4, 33-332 Kraków ➡ 舊城區搭乘13號電車至隔離區站Ghetto下車 MAP P.104、133

拯救猶太人的祕密藥局

老鷹下藥局
APTEKA POD ORŁEM

　　目前改建為博物館的老鷹下藥局，是波蘭人塔德伊斯・潘基維茲(Tadeusz Pankiwiecz)在隔離區內開設的藥局，也是隔離區內唯一有能力提供醫療服務的地方。二戰期間納粹德國原本想買下這間藥局，但被潘基維茲所拒絕，並要求繼續在隔離區開業。他與員工們冒著生命危險，在二戰期間幫助許多被隔離的猶太人，想辦法逃離此地或是提供醫藥援助。

　　老鷹下藥局也是隔離區內猶太人主要對外聯絡與交易的管道，包括與外界書信往返，補給食物或傳遞訊息給地下反抗組織等，都是透過老鷹下藥局的幫忙；若有已知將被送往集中營的猶太人，也會被藏身在老鷹下藥局。因為老鷹下藥局在二戰期間勇敢伸出援手拯救猶太人的事蹟，電影《辛德勒的名單》也將這段故事拍攝成電影的一段。

✉ 18 Bohaterów Getta 18, 30-547 Kraków ☎ +48 12 656 56 25 ⏰ 週一10:00～14:00，週二～日09:00～17:00，閉館前30分鐘關閉入場 💲 11PLN ➡ 舊城區搭乘13號電車至隔離區站Ghetto下車，藥局就在英雄廣場旁 http www.mhk.pl/branches/eagle-pharmacy MAP P.133

1.英雄廣場上共有68把椅子，象徵6.8萬名猶太人曾遭遇悲慘生活／2.時過境遷，這裡現在成為另一個觀光景點

老鷹下藥局在二戰期間幫助許多猶太人

惡名昭彰的納粹德國殺人工廠

奧斯威辛集中營

　　來到二戰時納粹德國打造的全球最大殺人工廠──奧斯威辛集中營(Muzeum Auschwitz-Birkenau)，說心情不沉重絕對是騙人的，相信這將會是每一位旅客的波蘭旅行中，最特別的時間，是該收起笑容的時刻。

　　根據統計，二戰期間在此被屠殺的人數約130萬人，人數是所有納粹集中營之最，其中高達9成是猶太人；而多數受害者是在1942年1月20日舉行汪湖會議，通過「最終解決方案」之後，奧斯威辛成為加速屠殺猶太人的滅絕營的犧牲者，因而奧斯威辛也被稱作「死亡工廠」。

　　奧斯威辛位於克拉科夫西南方60公里的一個小鎮，是歐洲鐵路交匯之地，方便納粹德國以鐵路運送犯人，因此被作為集中營的最佳地點。原本默默無名的小鎮，因為納粹集中營這段慘絕人寰的歷史，成為波蘭境內永遠的傷痕。有些人可能會害怕集中營的「氣」不好，其實，這邊都只是無辜的可憐靈魂，來到奧斯威辛，就讓自己帶著莊重的心，認識這段人類最悲慘的歷史。

　　整個奧斯威辛集中營主要分成三大營區：奧斯威辛(Auschwitz)一號營、比克瑙(Birkenau)二號營、莫諾維茨(Monowitz)三號營，目前主要開放參觀的是一號營與二號營區，兩個營區之間依季節不同，每10～30分鐘會有免費接駁車往返。

✉ul. Więźniów Oświęcimia 20,32-603 Oświęcim ☎+48 33 844 80 99 ⏰12月07:30～14:00，1、11月07:30～15:00，2月07:30～16:00，3、10月07:30～17:00，4、5、9月07:30～18:00，6～8月07:30～19:00，1月1日、12月25日、復活節週日公休 💲園區參觀免費，導覽需要收費；1～3月、11月10:00～13:00，4～10月、12月10:00～16:00，上述時間一定要參加導覽才能入園，成人60PLN起 ➡從克拉科夫巴士總站，搭乘巴士或小巴至奧斯威辛，1小時約有1～3班車，車程1小時半，可以在克拉科夫先買好來回票，或是在奧斯威辛站上車後再購票也可以。不建議搭火車前往，因為下車後還有2公里的路程，不方便 🕐4～6小時 🌐www.auschwitz.org ❓冬夏季開放時間差異很大，出發前務必確認好時間 🗺P.110、136

奧斯威辛博物館

□ 焚化爐、毒氣室
□ 醫院
大門
「勞動帶來自由」
□ SS管理局
廚房
集中營司令部
服務中心
集體絞刑台
Leszczyskiej
Legionów
10號棟
11號棟 □ 淚牆(死亡之牆)

最惡名昭彰的奧斯威辛集中營入口

集中營的「加拿大」，是猶太人當時攜帶的行李與物品都被沒收於此

永遠無人招領的行李箱

奧斯威辛一號營

　　奧斯威辛一號營是整個營區中最早興建的集中營，建於1940年，營區建築以磚房為主，主要管理行政中心都在此；一開始原本只是用來關政治犯，後來漸漸開始關押猶太人、吉普賽人、蘇聯戰俘、戰犯、同性戀等，最後擴展成為殺人工廠。

　　奧斯威辛入口處的標語「Arbeit macht frei」(德語的「勞動帶來自由」)，成為集中營的最大謊言。每一個從這個入口進入集中營的囚犯，最終的出口就是焚化爐的煙囪，而且中間必須經過被奴役、過度勞動、毒打、飢餓、病痛的折磨；根據1945年1月蘇聯紅軍解放奧斯威辛集中營時的紀錄，僅有7,000多人倖存。

　　來到集中營，首先，囚犯攜帶來的所有隨身物品都必須被沒收。這些失去主人的皮箱、衣物、鞋子、眼鏡、生活用品等數量為之驚人，被集中在當時稱為「加拿大」的地方，現在即使只有部分作為展示，也已經堆滿奧斯威辛博物館其中一個展示廳。除了隨身之物沒收，囚犯身上所有毛髮都要被剃除，換上統一發放的

藍白條紋衣，並在手臂上刺上編號，從此以後，囚犯在集中營沒有了名字，只剩下以編號稱呼。

　　納粹德國要撤退時，原本想湮滅這些從猶太人身上奪來的「證據」。但因為時間緊迫，來不及將所有物品燒毀，最後在奧斯威辛集中營被人發現重達7噸、從犯人身上剪下的頭髮，究竟要多少人髮才能累積到7噸的重量？光用想的就讓人不寒而慄。

雙層通電的鐵絲網，無數猶太人曾被囚禁於此

位於 10 號與 11 號營房之間的死亡之牆

死亡之牆兩旁營房窗戶都被木板釘住

為了防止囚犯逃跑，奧斯威辛集中營四周圍繞著水泥牆和通電的雙排鐵絲網，以及隨時有士兵駐守的木造瞭望塔，只要一發現有犯人逃跑不見，全營區的囚犯就必須在檢閱場不吃不喝不動，站立數小時至數十小時，直到找出試圖逃亡的犯人；要是有囚犯逃亡成功，營區內的親衛隊(Schutzstaffel，簡稱SS)就會隨機選出囚犯處死。

集中營的非人生活

在集中營生活的囚犯，每天必須面對飢餓與死亡，勞動、被毆打更是家常便飯。根據奧斯威辛集中營倖存者口述，集中營的伙食通常是早上一杯淡如水的「咖啡」或「茶」，午餐與晚餐分別是一碗沒什麼料的湯，以及一塊麵包，這些伙食完全無法應付集中營每天大量的勞動力，因此許多倖存者被拯救出來時，體重只有40公斤不到。

另外，集中營的生活環境與衛生條件非常糟糕，一號營的生活環境「看似」較比克瑙二號營來得好，但許多人也是睡在鋪著稻草的水泥與木頭地板上，或是擠在簡陋的3層床鋪，擁擠程度連翻身都有困難；營房外則是屍體遍布，囚犯時常要搬運營區內的屍體至渠溝拋棄焚燒，或是搬運至焚化爐處置。

多數囚犯每天都必須忍受在戶外長期辛苦的工作，不論是搬運石頭、木材、建廠房，夏天要面對酷暑，進入冬天後更是要想辦法抵抗嚴寒的冬季。但囚犯並不能獲得額外保暖衣物，很多人因無法應付酷寒的氣溫而喪命，只有少數幸運的人可以在室內，從事烘焙、製革工人、木雕師傅、廚房等工作。在長期營養不良、環境衛生惡劣的條件之下，囚犯每一天的出勤都等於是與死神交手，更別說在工作時被親衛隊無情地毆打至死。

集中營慘無人道的懲罰

位於奧斯威辛一號營10號與11號營房之間的空間，有一個被稱作「淚牆」或是「死亡之牆」的地方。許多囚犯在此遭親衛隊槍決、鞭打或是被吊死，由於過程太過慘忍，10號營房的窗戶都被木板封死，不讓囚犯看見行刑過程；不少倖存者回憶，當時只要經過淚牆附近，都會看到地上總是流著鮮紅的血水。

另外，11號營房地下室為地牢區，專門用

在集中營，捱餓、毆打是家常便飯

暢遊 Tips

克拉科夫至奧斯威辛交通與一日行程

●最推薦搭巴士

從克拉科夫到奧斯威辛是一段不近的距離，車程約1.5小時，最推薦搭巴士前往，直接在集中營附近下車。安排參觀奧斯威辛應該以1日最恰當。

在克拉科夫巴士總站有很多前往奧斯威辛的大巴士與小巴士，通常都是現場購票，旅客可以依自己的時間挑選車次，也可依照行程事先購買回程票，但要注意，有的巴士購買來回票並沒有額外優惠。

如果想要事先購票的旅客，可以選搭Lajkonik Bus，車票除了可以在巴士總站窗口購買，也可以提前於網路刷卡購票，再自行列印出票券，若買來回票還有額外折扣。

●市區一日Tour

如果不想自己張羅交通或園區參觀時間，參加克拉科夫市區的奧斯威辛一日旅行團也是不錯的選擇。團費約100～150PLN，市區很多地方都有招攬一日旅行團。

在克拉科夫常見的當地一日導覽行程廣告

來懲罰犯人，使其「罰站」在幽暗狹小的空間，懲處方式通常是3、4名囚犯必須同時進入完全不透光的狹小牢房，所有人緊貼在一起，站立整夜至隔天早上工作時間再被放出來，與一般囚犯一樣進行大量勞動工作。很多囚犯因為難以承受這樣的折磨，而喪命於工作途中。

奧斯威辛一號營還特別設立了一個集體絞刑台，若是有囚犯試圖逃跑被抓回來，或是被納粹視為有叛變的可能，就會被處以絞刑，行刑當天還會強迫囚犯繞場直視這些被處刑的犯人。

由於集中營只想留下具有勞動力的人，奧斯威辛集中營不定時會針對囚犯進行淘汰競選活動。每一位囚犯必須在親衛隊前奔跑，再由黨衛軍決定該名囚犯是否可以活命，或必須送至焚化爐處死。

無時無刻都有守衛的看守台，要
逃出集中營難如登天

磚造營房，搭建得非常粗糙

被鐵絲網層層包圍的營區

被納粹德國在撤離前炸毀的毒氣室

比克瑙二號營

奧斯威辛集中營火車鐵軌的終點站，比克瑙
二號營，是許多生命的最終站。比克瑙是一個
遼闊的營區，占地面積175公頃，區內有300
棟以上的木造與磚造營房，以及數十座焚化
爐、毒氣室，二戰時百萬人命就葬送於此。

要來到比克瑙二號營之前，猶太人必須先從
歐洲各地搭乘牲畜用火車至此，一間車廂通常
擠滿80～100人。猶太人上車後，車門就被完
全封住，途中沒有配給食物、沒有飲水，廁所
只能以一個小木桶將就使用，這樣舟車勞頓數
天，才會抵達目的地。許多老弱婦孺根本承受
不起這樣的折磨，還沒抵達集中營就已經死在
列車上。

到了集中營之後，黨衛軍會初步篩選適合留
下作為勞動力的人，其他沒有利用價值的老弱
婦孺，則直接送入毒氣室，利用齊克隆B氰化
物將這些人全部殺害。納粹還會取下死者的金
牙、飾品，再將堆積成山的屍體送入焚化爐焚

鐵軌直接將猶太人送進奧斯威辛集中營

專門載運猶太人的牲畜用列車

暢遊 Tips

奧斯威辛博物館的書店

　　來到集中營，建議大家買一本園方出版的英語導覽小冊子。裡面有對奧斯威辛集中營詳細的解說，包括營區地理位置、每個展覽館展出的內容，能讓遊客快速認識奧斯威辛集中營。

　　另外，對集中營歷史有興趣的遊客，別錯過入口處的小書店，裡面販售的都是集中營相關書籍。不少英文書對奧斯威辛集中營歷史做詳細的介紹，書中有許多珍貴照片和當年的機密文件，都是網路上難以找到的史料資訊。

很推薦購買的導覽小手冊

　　燒，也因此，奧斯威辛集中營的空氣中，永遠瀰漫焚燒屍體的難聞氣味。

　　根據奧斯威辛集中營指揮官魯道夫霍斯(Rudolf Höss)的供詞，高達7.5成被送至奧斯威辛集中營的猶太人，一下火車就直接被送進毒氣室受死。

　　倖存的囚犯也沒有幸運之神的眷顧，他們被安排在由馬廄改建的寢室。原本可飼養52匹馬的馬廄，硬是改造成容納400名囚犯的牢房，其他猶太人則被安排在另外擁擠的營房中，營房內通常有3層木架床，每一層被擠進15人，一排3層床架總共要被塞入180人，夜晚大家只能貼緊身子將就休息，白天再面對無盡的苦力工作。

　　由於牢房建造得相當簡陋，加上親衛隊會故意折磨猶太人，他們常在酷暑時勒令將營房的門窗緊閉，導致室內惡臭、悶熱難耐，跳蚤、蟲子橫行；到了冬天，則故意要囚犯將門窗敞開通風，刺骨的寒冬讓許多體弱不支的囚犯喪

命。另外，比克瑙二號營每日的如廁問題也是囚犯難以忍受的事，除了上廁所時間有限，廁所簡陋骯髒，惡臭四溢，又毫無隱私可言。

永遠記取教訓

來到奧斯威辛集中營，會到一處保留完整的毒氣室與焚化爐室參觀。看著毒氣室內昏暗的燈光，還有牆上無數刻痕與留言，都是當年被送進毒氣室的猶太人，臨死前最後的掙扎，死後再被運送到旁邊的焚化爐燒毀。站在這裡，令人不敢想像眼前的房間，是多少無辜的猶太人，生前最後見到的景象。

1945年1月27日蘇聯紅軍解放奧斯維辛集中營不久後，波蘭國會即立法，將集中營改為納粹大屠殺博物館，除了見證二戰期間納粹德國的暴行，也要世人不能忘記這段最黑暗與悲慘的歷史；1979年，聯合國教科文組織則將奧斯維辛集中營列入世界文化遺產；2005年，聯合國大會通過決議，將1月27日訂為「國際大屠殺紀念日」(International Holocaust Remembrance Day)，紀念二戰期間被德國納粹大屠殺的受害者。

成千上萬的屍體被送到毒氣室旁邊的焚化爐焚燒

對奧斯威辛集中營還想更深入了解…

面對這段人類最黑暗的歷史，除了親自走一趟奧斯威辛集中營，親眼感受歷史發生現場給人的震撼，坊間還有許多相關書籍和電影值得一讀，能讓你對奧斯威辛，對集中營，對二戰的歷史有更深層的認識。

書籍

《夜：納粹集中營回憶錄》

由諾貝爾獎得主埃利·維瑟爾所撰寫，回憶他從不相信集中營的存在，到全家被抓入奧斯威辛集中營的真實納粹屠殺記錄。埃利·維瑟爾在營中與父親相依為命，最終卻只有他一個人活著離開集中營。相當推薦將此書作為認識奧斯威辛集中營的第一本書。

《奧許維茲臥底報告：自願關進納粹集中營的波蘭英雄》

波蘭地下抵抗組織軍官皮雷茨基，1940年為了執行祕密任務，刻意被逮捕進入奧斯威辛集中營，至1943年才逃出集中營。這段期間他蒐集納粹德國的暴行，寫成報告交送給

波蘭流亡政府與盟軍，並暗中幫助在集中營受苦的同胞。

《如果這是一個人》

義大利猶太人普利摩·李維受到義大利法西斯民兵逮捕，被移送至奧斯維辛集中營。作者用冷靜樸實的文字，記錄在集中營10個月的苦難生活，其書的影響性與《安妮日記》、

《夜：納粹集中營回憶錄》齊名。

《安妮日記》

由安妮·法蘭克所寫，此書內容摘錄自安妮在納粹占領荷蘭時所寫的日記。戰後由安妮的父親整理後出版，被譽為「改變世界的十本書」。

《Auschwitz From A to Z》

奧斯威辛博物館官方推出的英文書籍，以英文字母A到Z，深度介紹奧斯威辛的歷史、集中營的各項統計、囚犯生活狀況、納粹德國與親衛隊的惡行等等，全彩印刷配合大量的照片、繪畫、真實文件。中文書難以找到如此詳盡的內容，非常推薦給想要深入了解集中營歷史的人。

《而你，沒有回來》

這本書可說是猶太裔法國作家、電影製片人瑪塞琳·羅立登－伊凡斯，跨越70年的家書告白。當時年僅15歲的她，和父親一同被抓入集中營，最終只有她一人獨自生還，這本書的內容是獻給她從此未歸的父親。

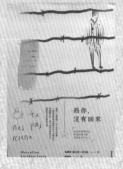

電影
《辛德勒的名單》

被譽為集中營題材電影中的經典之作。由知名導演史蒂芬史匹柏至波蘭取景拍攝，透過身為德國大亨、間諜與納粹黨成員辛德勒拯救猶太人的故事，血淋淋呈現奧斯威辛集中營的殘酷與當時的時代悲歌。

《美麗人生》

與《辛德勒的名單》同樣被譽為經典的集中營題材電影。講述一對義大利猶太父子被抓進集中營，父親為了不讓年幼的兒子受到驚恐，刻意替兒子營造出「玩遊戲才能獲得大獎」的氛圍，是一部笑中帶淚的感人故事。

《穿條紋衣的男孩》

故事描述一位8歲大的納粹軍官之子，隨著父親的工作舉家搬遷至鄉下生活，故事主人翁在那裡遇到一位與他相同年紀，但是被關在集中營的男孩的故事。

《園長夫人：動物園的奇蹟》

講述華沙動物園園長與他的夫人，利用動物園空間藏匿並拯救猶太人的故事。雖然內容與集中營無關，但從電影中能強烈感受到二戰的殘酷，以及德軍蠻橫的暴行。

《安妮的集中營》

這部塵封70年的紀錄片，由驚悚片大師希區考克執導剪接，畫面雖然沒有出現任何一滴血，卻真實記錄下集中營中堆積如山的赤裸屍體，以及倖存者空洞的眼神與乾枯的身軀。

《戰地琴人》

故事講述猶太裔波蘭鋼琴家史匹曼的故事。原本史匹曼可能會死在納粹軍官的手下，但他優美的琴藝，讓納粹軍官願意放他一條生路，也讓這個世界多了一位音樂家。

國家地理頻道的二戰系列節目

國家地理頻道近年播出一系列二戰系列影片，其中有許多介紹納粹、集中營主題的節目，而且節目企劃角度不落俗套，史料內容也相當難得可貴，很值得一看。

Krowarzywa Vegan Burger內部用餐環境

舊城區
SZARA

SZARA就位在集市廣場大街上,位置非常好找,餐廳內部有美麗的彩繪天花板拱門,配上精緻的美食,甜點也相當令人驚豔,讓用餐成為一大享受,而且SZARA的分量十足,價位合理,很適合旅客在此好好享用一頓美食。

✉Rynek Glowny 6, 31-042 Kraków ☎+48 12 421 66 69 ◷08:00～12:00供應早餐,中餐與晚餐營業時間 11:00～22:00 $$$～$$$,早餐26PLN起 http szara.pl/index.html MAP P.110

SZARA露天的座位

舊城區
Krowarzywa Vegan Burger

Krowarzywa Vegan Burger顧名思義就是素食漢堡沙拉店,自2013年3月開幕至今,在克拉科夫頗受好評。這家漢堡店強調所用的食材都是天然、健康、時令的,而且食材生產過程是依照環境友善方式種植,奶蛋食材來源則在飼養過程中注重動物福利。

由於漢堡與沙拉都加入大量蔬食製作,這裡的漢堡比起一般可減少30%的熱量,同時增加40%纖維質攝取量,美味又不會造成身體負擔。

✉Slawkowska 8, 31-014 Kraków ☎+48 531 777 136 ◷11:00～23:00 $$,漢堡13PLN起 http krowarzywa.pl/en MAP P.110

餐廳正門口,Logo是一隻乳牛

Cukiernia Michałek

連當地人都讚不絕口的波蘭傳統糕點店，自1958年營業以來，所製作的美味甜點一直保持一貫水準，完全沒有走味，不少克拉科夫居民還會特別到此購買店內招牌波蘭甜甜圈。其中又以玫瑰口味的特別受歡迎，也因此店裡經常大排長龍，好吃的點心也常在打烊前就銷售一空。

除了甜甜圈，Cukiernia Michałek還有許多波蘭傳統蛋糕，口味有巧克力、草莓、起司等多款選擇，塊狀蛋糕通常以重量計價。

1.招牌的甜甜圈／2.滿滿的甜點櫃，看了好吸引人／3.即使是位於巷子內，當地人還是會來朝聖
✉ Krupnicza 6,33-332 Kraków ☎ +48 12 422 47 05 ⏰ 週一～五 08:00～19:00，週六 08:00～16:00，週日公休 💲 $，甜點10PLN左右 🌐 www.facebook.com/cukierniamichalek 🗺 P.110

MOMO

頗受好評的印度素食咖啡廳，店內裝潢簡樸但充滿特色，餐點更是讓人驚豔，除了咖啡與甜點外，店裡還有販售素食料理，品項每日不同，價格實惠。

另外，不用擔心不懂波蘭語而無法點菜，店內備有英文菜單，員工也會說流利的英文，對待顧客非常友善且親切，讓不少客人來過一次後還會想再來光顧。

✉ ul. Jozefa Dietla 49, 31-054 Krakow ☎ +48 60 968 57 75 ⏰ 11:00～20:00 💲 $$，主餐25PLN起 🗺 P.110、128

1.位於猶太區的MOMO／2.餐廳內是很舒適的氛圍

卡茲米爾
POLAKOWSKI

POLAKOWSKI是一家老牌的波蘭傳統牛奶吧餐廳，獲得旅遊機構推薦，目前共有5間分店，每一間的店內裝潢都是充滿大量葡萄藤蔓與水果、蔬菜的裝飾品，整間店的氣氛復古而華麗。

若想以平實的價格吃到傳統波蘭料理，POLAKOWSKI是很不錯的選擇，不論是波蘭水餃、獵人燉肉、傳統香腸、波蘭酸湯等等，口味都不會讓人失望。吃完後記得要自己將餐盤端到指定的地方擺放。

✉ul. Miodowa 39, 31-052 Krakow　☎+48 12 421 21 17　🕐11:00～21:00　💲$，一餐約15PLN起　http www.polakowski.com.pl　MAP P.110、128

1.牆上都是水果裝飾／2.POLAKOWSKI店面外觀／3.老牌波蘭傳統牛奶吧POLAKOWSKI，店內內部裝潢很特別

卡茲米爾
SĄSIEDZI

成立於2010年的SĄSIEDZI，是一家位於卡茲米爾猶太區的波蘭傳統料理餐廳。店內用餐區主要分成1樓的溫馨庭院區，以及別具特色的地下室地窖包廂；因為餐廳所在的建築物建造於19世紀，不論是庭院或地窖空間，在這些具有歷史感地方用餐，別有一番風情。

SĄSIEDZI的菜色細緻美味，擺盤也相當精美，員工對客人都非常熱情，因此SĄSIEDZI曾於2012、2013、2014年連3年獲得米其林推薦；如果想要品嘗美食搭配紅酒，在這裡也可以找到很棒的酒來佐餐。

✉ul. Miodowa 25, 31-055 Kraków　☎+48 12 654 83 53　🕐12:00～22:00　💲$$～$$$，主餐40PLN起　http www.sasiedzi.oberza.pl/en　MAP P.110、128

1.很有特色、料理美味的SĄSIEDZI／2.燉牛肉料理，分量十足

1.飯店大廳／**2.**新穎的房間

克拉科夫住宿趣

克拉科夫舊城區美居酒店

Mercure Kraków Stare Miasto

　　位於克拉科夫中央車站附近的克拉科夫舊城區美居酒店，至克拉科夫中央集市廣場只要10分鐘的路程，到克拉科夫舊城區的主要景點都相當方便，如果想要購物，旁邊的克拉科夫中央車站內還有共構的Galeria Krakowska大型購物中心。

　　克拉科夫舊城區美居酒店2016年正式對外營運，房間簡約舒適，並提供健身中心、酒吧、免費WiFi和24小時前台服務。

✉Pawia 18 B, Kraków ☎+48 12 225 11 11 💲$$$，雙人房350PLN起 ➡從克拉科夫中央車站步行約5分鐘 http www.accorhotels.com/gb/hotel-9627-mercure-krakow-stare-miasto/index.shtml MAP P.110

老城古董公寓飯店

Antique Apartments Old Town

　　克拉科夫有很多公寓式旅館(Apartments)的住宿選擇，而且不少為集團式經營，讓旅客能享受住在當地民宅的在地氛圍，又比起airbnb更有保障。老城古董公寓飯店就是其中一家頗具規模與品質的公寓式旅館。

　　老城古董公寓飯店的屋內家具與裝潢質感都相當精緻，而且不論室內設施或沐浴備品等皆很齊全，對旅客來說頗為便利。另外，若有需要，公寓式飯店同樣能提供早餐、腳踏車出租、當地導覽和SPA服務。

✉Plac Szczepanski 2/9, 31-011 Krakow ☎+48 12 430 21 67 💲$～$$，雙人房含廚具160PLN起 ➡飯店有很多不同的房間，地點依訂房後的房型而定 http www.antiqueapartments.com MAP P.110

舒適的房間，裝潢相當有質感

伊科依迪亞公寓飯店

Ekoidea Serviced Apartments

Ekoidea Serviced Apartments是克拉科夫另一家集團式經營的公寓式酒店，住宿地點都離舊城區景點不遠，而且Ekoidea最大的優點在於不用另外去其他地方領房間鑰匙，可以透過通訊軟體立即與客服人員聯繫。

Ekoidea每一間房間都別具特色，也有完整的廚房、廚具、洗衣機等設備，喜歡外出旅行時在住處簡單烹調食物的人，Ekoidea會是很不錯的選擇。

✉Adama Vetulaniego 1a, 31-227 Kraków ☎+48 60 847 78 22 💲$$，雙人房含廚具270PLN起 ➡搭飯店有很多不同的房間，地點依訂房後的房型而定 http www. ekoidea.eu MAP P.110

3

1

2

1.提供各式餐具／2.配有小廚房／3.公寓式酒店讓人有家的感覺

好玩 PLUS

公寓式酒店住宿

公寓式酒店(Apartment)在歐洲不少見，但是在克拉科夫的選擇比起其他歐洲城市多出許多，而且房間基本上都很精緻、有特色，包括廚房、廚具、餐具、洗衣機等通常一應俱全。

不過，挑選公寓式酒店第一個要注意距離景點或市區的遠近程度，或是附近搭乘大眾交通工具是否便利；其次，是須注意住宿地點與領取鑰匙的地方，是否相差很遠。若兩地往返必須花上數十分鐘，在checkin與checkout當天的行程，就必須抓得鬆一點。

另外，公寓式酒店不像一般的飯店會每天有專人打掃房間，通常住宿期間不會有清潔服務，浴巾等用品在住宿期間也不會天天換新，旅客不妨依自己的需求做選擇。

城市漫遊　　　　　　　　　　　　　　P.152
格但斯克交通資訊　　　　　　　　　　P.154
舊城區　　　　　　　　　　　　　　　P.157
格但斯克最美麗的廣場：長市集街　　　P.162
歐洲最美麗的濱海長廊：索波特　　　　P.172
波蘭最大商用港口：格丁尼亞　　　　　P.174
曾為條頓騎士團的首都：馬爾堡　　　　P.176
格但斯克美食樂　　　　　　　　　　　P.178
格但斯克住宿趣　　　　　　　　　　　P.179

格但斯克

MAŁGORZATA

格但斯克
Gdańsk

格但斯克是波羅的海沿岸著名的港灣城市，也是波蘭最浪漫的都市之一。在這裡，可以看到華美的哥德式、文藝復興式、巴洛克式建築。而這裡也是全球最重要的琥珀產地之一，因此獲得「世界琥珀之都」的美名。不過，浪漫的格但斯克也因為優越的地理位置，在歷史上頻頻受鄰國覬覦，甚至成為二次世界大戰的引爆點。如今，格但斯克已擺脫了戰爭的陰影，成為波蘭最受歡迎的旅遊城市之一。

城市漫遊

Gdynia
格丁尼亞

波羅的海

Sopot
索波特

Gdańsk
格但斯克

(舊城區)

三聯市

　　格但斯克是波羅的海沿岸最知名的美麗港灣城市，也是與克拉科夫齊名的波蘭觀光重鎮，充滿濃厚的歷史氣息。格但斯克在14世紀曾是繁榮的漢薩同盟城市，因為地理位置剛好處於流貫波蘭的維斯瓦河入海口，到了16、17世紀甚至一躍成為波蘭第一大城，也是重要的航運中心。

　　此外，波羅的海沿岸盛產琥珀，而格但斯克自古就是出產與運輸琥珀的重要城市，不僅為過往運輸琥珀貿易路線的「琥珀之路」，更被譽為「世界琥珀之都」。鄰近運河旁甚至有一條充滿異國風情的「琥珀街」，每一幢別墅都有華麗的雕飾與美麗的石階；也因為當

1.眺望格但斯克／2.這裡是琥珀的故鄉／3.格但斯克舊城區的建築，各個爭奇鬥豔，各具特色／4.代表格但斯克的海神噴泉

地繁榮富裕的環境，吸引了當時來自荷蘭、瑞典、日耳曼等漢薩同盟的商人到此做生意，並在此生活，皇家大道上一棟棟不同國家特色的豪宅，就是見證這段歷史的最佳證明。

不過，優越的地理位置也讓格但斯克受到鄰國覬覦，甚至成為第二次世界大戰的開端。格但斯克的德文是「Danzig(但澤)」，歷史上曾在波蘭、普魯士等政權之間流離轉換，直到第一次世界大戰後成為國際聯盟管轄的自由城市。不過好景不常，1939年9月1日納粹德國砲擊位於格但斯克附近的西盤半島(Westerplatte)，揭開二戰序幕，使得格但斯克受到戰火無情的摧殘。

如今，格但斯克已經重生，以最美麗的面貌展示於人，走在Motława河畔，看著船隻、河畔旁的華麗建築、格但斯克起重機、綠門等景色交織成一幅幅美麗的畫，讓思緒與感官一同徜徉在歷史的氛圍中。

❀❀ 遊覽重點 ❀❀

格但斯克是波蘭少數臨海的城市，「海洋城市」順理成章成為格但斯克的標誌。因此，想要欣賞格但斯克最美的風景，可以從綠門望向中世紀歐洲最大的格但斯克起重機，臨著Motława河與河上的船隻，是這個城市給人最深刻也最美麗的印象。

沿著Motława河邊往北走，會來到二戰博物館，館內不只陳述第二次世界大戰西方戰場的慘烈，也向世人說明亞洲當時也同樣遭遇無情戰火，讓身為亞洲人的我們看了更感同身受。另外，格但斯克造船廠與團結工聯運動廣場，訴說著波蘭從共產邁向民主化的重要里程碑。

撇開沉重的歷史，來到格但斯克最精緻、最金碧輝煌、充滿異國風情的長市集街，可以見到代表格但斯克的海神噴泉、最華麗的黃金屋、美輪美奐的阿特斯法院，以及格但斯克最壯麗的綠門，都訴說著格但斯克在中世紀輝煌的歷史。

如果你想體驗海濱風情，一窺平常只能在地圖上看到的波羅的海，不妨搭一段火車，到鄰近格但斯克，與之並稱三聯市(Trójmiasto)的格丁尼亞與索波特。不論是走在索波特最美麗的海上長堤，或是乘坐格丁尼亞碼頭的觀光船，來一場波羅的海體驗之旅，在波蘭都是很獨特的海洋文化體驗。

另外，位於格但斯克東南方的馬爾堡，是全歐洲最大的紅磚城堡，也是條頓騎士團自威尼斯來到此地的首都，很值得花上一整天仔細感受中世紀的古堡氛圍。

格但斯克交通資訊

如何到格但斯克

1.飛機

　　距離格但斯克市區西北方約12公里處，有一座國際線與國內線共用的格但斯克萊赫·華勒沙機場(Port Lotniczy Gdańsk im. Lecha Wałęsy)。每天從華沙到格但斯克有5～6班國內線班機，飛行時間約1小時。從機場前往市區的方法如下：

●火車：每半小時有一班近郊列車SKM至格但斯克火車站，車程約30分鐘，單程車資3.8PLN。

●巴士：可搭乘210號巴士至市區，平日30分鐘一班車，假日1小時一班，車程約30分鐘，30分鐘單程車票3.2PLN，若買60分鐘單程票為3.8PLN；22:00之後可搭乘N3深夜巴士至格但斯克火車站。

●計程車或Uber：可用Uber叫車，車資透

格但斯克
精選
經典路線

Brama Wyżynna電車站

步行約
2分鐘

監獄塔樓暨琥珀博物館
(50分鐘)

步行約
1分鐘

綠門
(15分鐘)

步行約
2分鐘

琥珀街
(30分鐘)

步行約
2分鐘

明又方便，或至機場入境大廳出口前TAXI乘車站招車。

格但斯克華勒沙機場

✉ ul. Juliusza Słowackiego 200, 80-298 Gdańsk
☎ +48 52 567 35 31
http www.airport.gdansk.pl

2.火車

從華沙、波茲南、托倫到格但斯克搭乘火車相當方便。車廂分成一等車與二等車，車資相差約為1倍。從華沙出發，車程約2～3.5小時，由波茲南與托倫到格但斯克，車程約2.5～3小時。正確時刻與班次可上網查詢和訂票，並將電子票券列印出來，方便在火車上驗票。(關於火車交通更詳細的介紹，請見P.214)

3.巴士

欲從其他城市到格但斯克也可選搭巴士，最大的優點是票價不貴，而且中途停靠站選擇多，推薦波蘭巴士(Polski Bus)與歐洲長途巴士(FlixBus)。從華沙至格但斯克車程約4.5～6小時，詳細班次與停靠站可上網查詢。(關於巴士交通更詳細的介紹，請見P.215)

格但斯克市區交通

格但斯克市區有巴士與路面電車，都是由ZTM經營，營運時間為05:00～23:00，票種分成單次票、單次夜間票、1小時一般票、1小時夜間票、24小時票，票價3.2～13 PLN；舊城區的景點相當集中，基本上步行就能抵達。

http 格但斯克旅遊中心：visitgdansk.com/en

黃金門
(10分鐘)

步行約5分鐘

市政廳
(30分鐘)

步行約5分鐘

聖母瑪莉亞教堂
(50分鐘)

步行約5分鐘

起重機
(30分鐘)

步行約10分鐘

二戰博物館
(2.5～3.5小時)

步行約15分鐘

軍火庫
(15分鐘)

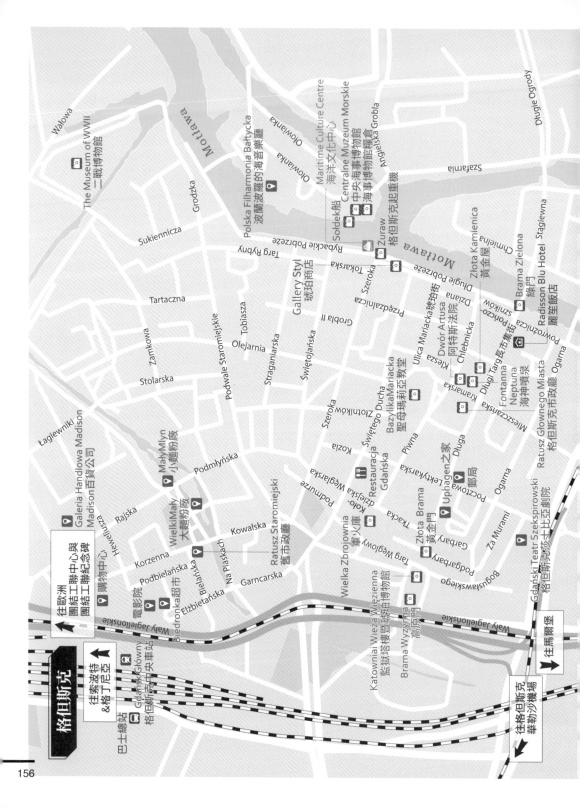

The Museum of WVWII
二戰博物館

Walowa

Motława

Olowianka

Olowianka

Maritime Culture Centre
海洋文化中心

Centralne Muzeum Morskie
中央海事博物館
海事博物館羅倉

Dlugie Ogrody

Szafarnia

Chmielna

Stągiewna

Angielska Grobla

Grodzka

Polska Filharmonia Bałtycka
波蘭波羅的海音樂廳

Sołdek船

Żuraw
格但斯克起重機

Złota Kamienica
黃金屋

Brama Zielona
綠門

Radisson Blu Hotel
麗笙飯店

Sukiennicza

Tartaczna

Zamkowa

Stolarska

Gallery Styl
琥珀商店

Targ Rybny

Tokarska

Rybackie Pobrzeże

Szeroka

Przedzalnicza

Dlugie pobrzeże

Dziana

Kiesza

Chlebnicka

Powroźnicza

Ponczo-
szników

Ogarna

Ratusz Głownego Miasta
格但斯克市政廳

Tobiasza

Olejarnia

Podwale Staromiejskie

Straganiarska

Świętojańska

Grobla II

Ulica Mariacka琥珀街

Dwór Artusa
阿特斯法院

Dlugi Targ長廣場街

Fontanna
Neptuna
海神噴泉

Kramarska

Łagiewniki

Galeria Handlowa Madison
Madison百貨公司

Heweliusza

MałyMłyn
小麵粉廠

Podmłyńska

Szeroka

Złotnikow

Świętego Ducha

Bazylika Mariacka
聖母瑪利亞教堂

Mieszczańska

Rajska

WielkiMały
大麵粉廠

Podmłyńska

Kozia

Restauracja
Gdańska

Piwna

Dluga

Uphagen之家

Ogarna

Za Murami

Korzenna

Kowalska

Ratusz Staromiejski
舊市政廳

Koło dziejska Węglarska

Tłacka

Pocztowa Lektykarska
郵局

Złota Brama
黃金門

Garbary

Podgarbary

Bogusławskiego

Gdanski Teatr Szekspirowski
格但斯克莎士比亞劇院

Podbielańska

Bielańska

Na Piaskach

Garncarska

Wielka Zbrojownia
軍火庫

Targ Weglowy
煤市集

Elżbietańska

往歐洲
團結工聯中心與
團結工聯紀念碑

購物中心

往索波特
&格丁尼亞

Gdansk Główny
格但斯克市中央車站

巴士總站

往格但斯克
華勒沙機場

往馬爾堡

Wały Jagiellonskie

Biedronka超市

電影院

Katowniai Wieza Wiezienna
監獄塔樓暨酷刑博物館

Brama Wyżynna
高地門

Wielka Zbrojownia

Wały Jagiellonskie

156

舊城區
Stare Miasto

17世紀曾為波蘭第一大城市的格但斯克，因為熱絡的貿易，吸引來自荷蘭、日耳曼、瑞典等商人至此落地生根，增添了當地建築的可看性。漫步格但斯克舊城區，可以一次賞盡各式華美的哥德式、文藝復興式、巴洛克式建築，特別是被譽為最充滿異國風情的長市集街上，不論是貴氣的黃金屋、曾為名流富豪聚集之處的阿特斯法院等，整排建築以爭奇鬥豔來形容都不為過。另外，壯麗的綠門、格但斯克城市代表建築起重機、華麗的軍火庫、揉合荷蘭與義大利文藝復興風格的黃金門等等，都是值得一探究竟的景點。

1.原本是城牆堡壘的高原門／**2.**門上兩位天使手持橢圓形老鷹盾牌，代表波蘭整個國家

進入格但斯克最主要的入口

高原門
Brama Wyzynna

高原門是進入格但斯克舊城區重要的入口，也是許多人認識格但斯克舊城區的第一個城門。高原門在1571～1576年間修建完成，原本是城牆堡壘的一部分，古代每當波

蘭國王蒞臨格但斯克時，都會從高原門進入，一路經過長市集街等主要大道；值得慶幸的是，高原門在二戰期間所受到的破壞不大，因此現在看到的高原門是貨真價實的歷史古蹟。

欣賞高原門除了本身的歷史意義，門上3個主要徽章也象徵不同的含意。中間由兩個天使手持著橢圓形老鷹盾牌，代表著波蘭整個國家，右邊獅子守護的徽章象徵格但斯克，而左邊獨角獸擁護的徽章，則為皇家普魯士。

✉ Wały Jagiellońskie 2A, 80-887 Gdańsk ➡️火車站步行約10分鐘，是遊覽舊城區的最佳起點 🗺️P.156

進入舊城區的另一個代表之門

黃金門
Złota Brama

黃金門是進入格但斯克長市集街的其中一個重要入口，位於琥珀博物館後方，修建於1612～1614年間，其建築揉合了荷蘭與義大利文藝復興風格，象徵著格但斯克在17世紀繁榮的黃金年代。黃金門最著名的是門頂上的雕像群，其中一面4尊雕像分別代表和平、自由、財富、榮譽，而向著長市集街的另外4尊雕像，則是象徵團結、正義、虔誠、謹慎。

過去黃金門曾經為美術學院之用，但在二戰期間，黃金門遭到戰火嚴重的破壞，戰後才由波蘭政府重新修建；如今，黃金門成為波蘭建築師協會的據點。

象徵格但斯克黃金年代的黃金門

✉ Długa 1 22-100 Gdańsk ➡️距離琥珀博物館步行不到1分鐘 🗺️P.156

格但斯克市政廳

Ratusz Głównego Miasta

格但斯克
舊城區

　　充滿哥德式文藝復興風格的格但斯克市政廳，曾經是格但斯克最重要的建築，是市政與議會辦公的所在地，也是招待波蘭國王蒞臨格但斯克的場所，就位於知名的海神噴泉旁，最早修建於1379年，並於1561年完成高聳的尖塔。

　　二次大戰期間，市政廳遭到戰火嚴重破壞，嚴重程度讓波蘭政府一度想拆遷市政廳。不過最後仍決定在原址重建，並號召優秀的建築師合力完成重建工作，而且整個重建過程中，也加入許多藝術家的巧妙想法，讓重生的市政廳充滿許多不同的藝術元素，也成為格但斯克重要的景點之一。

　　如今市政廳已經不作市政辦公之用，轉為格但斯克博物館，其中以紅廳(Sala Czerwona)的評議會室、白廳(Sala Biała)、珠

1.市政廳正門附近放了一座等比例縮小的建築模型／2.市政廳門前的樓梯／3.哥德式文藝復興風格的格但斯克市政廳／4.街頭藝人在市政廳前表演

寶室(Skaebiec)最具看頭，紅廳甚至被譽為歐洲最美的房間之一；另外，如果夏天造訪市政廳，可以登高至50公尺的塔上觀景台，俯瞰整個長市集街、舊城區與波羅的海的景色，非常享受。

✉ul, Długa 46／47, Gdańsk, ☎+48 58 573 31 28 🕐週二10:00～13:00，週三、五、六、日10:00～14:00，週四10:00～16:00 💲全票12PLN，優待票6PLN，週二免費 ➡至舊城區步行約2分鐘 🌐muzeumgdansk.pl/oddzialy-muzeum/ratusz-glownego-miasta 🗺P.156

1.琥珀博物館展示了各式各樣的琥珀／2.監獄塔樓暨琥珀博物館的外觀／3.以琥珀做成的藝術品／4.以前被用來當作監獄塔的琥珀博物館

全方位了解琥珀的博物館

監獄塔樓暨琥珀博物館

Wieża Więzienna

位於高原門後方的監獄塔樓暨琥珀博物館，中世紀曾是格但斯克的監獄，現在這裡已經規畫為琥珀博物館，向遊客介紹格但斯克最具代表的有機寶石。琥珀博物館低樓層展示各式各樣的琥珀，像是琥珀原石、大塊的蟲珀、藍珀、各種類型的琥珀等等，並介紹琥珀的淘選、歷史、成分科學分析，讓遊客逛一圈就能對琥珀有基本的認識；如果是喜好琥珀寶石的人，來這裡可以親眼見到許多特殊種類的琥珀，是相當過癮的事。

往博物館樓上走，還有展出許多琥珀藝品，每一件作品都精緻非凡，例如用一塊塊澄黃琥珀拼成的珠寶盒、琥珀吉他，還有巧妙地運用不同大小的琥珀，所製作成的水果盤等，精緻度令人嘆為觀止。

看完琥珀之後，往塔樓的另一邊走，展示的是以前的牢房、刑求工具，還有介紹當時執行死刑流程；走在塔樓，想著以前的犯人被關在此處，甚至在這裡被終結性命，讓人有種不寒而慄之感。

✉ Targ Węglowy 26, 80-980 Gdańsk ☎ +48 58 326 21 54 ⊙ 5～9月週一09:00～13:00，週二～六10:00～18:00，週日11:00～18:00，冬季週三、五、六10:00～16:00，週二10:00～13:00，週日11:00～14:00，週一休館 💲 全票12PLN，優待票6PLN ➡ 高原門旁 http www.museumgdansk.pl MAP P.156

全世界最大的磚造教堂

聖母瑪莉亞教堂
Bazylika Mariacka

高聳的聖母瑪莉亞教堂是格但斯克的一座天主教教堂，修建時間從1343～1502年，全程歷時160年，是世界最大的磚砌教堂，亦是歐洲最大的磚砌哥德式建築之一，全長105.5公尺，寬66公尺，高33公尺，還有一座高82公尺的塔樓。

除了教堂本身壯闊的空間，內部還有許多可參觀的古蹟，如1517年完成的哥德式祭壇、15世紀打造的天文時鐘與聖母像、星形圓頂天花板，以及許多繪畫、藝術品、雕像等等。不過，聖母瑪莉亞教堂在二次大戰時受到嚴重損毀，在二戰結束後的隔年開始重建工程。

幸運的是，教堂內大部分的藝術品為了躲

1.高聳的聖母瑪莉亞教堂／2.要先經過魔幻世界的塔樓，才能俯瞰格但斯克街景／3.教堂內的擺飾

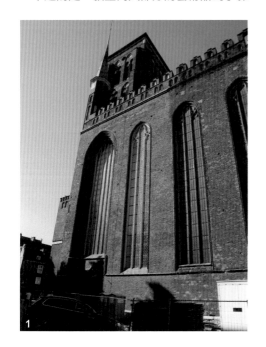

避空襲，在戰爭期間被搬到附近的村莊，戰後再重新拿回教堂，部分藝術品則在波蘭其他地區的博物館展出；教堂外牆的彩繪玻璃也逃過戰火的摧殘。

教堂塔頂也很值得登高欣賞，能俯瞰格但斯克與遠方的波羅的海；到塔頂全程要爬超過400階樓梯，走在圍繞著高塔建築上的階梯，很像進入魔幻世界塔樓，是另一種特別的體驗。

✉Podkramarska 5, 80-834 Gdańsk ☎+48 58 310 39 82 ◷教堂：10～4月週一～六08:30～17:00，週日11:00～12:00、13:00～17:00；5～9月週一～六08:30～18:30，週日11:00～12:00、13:00～18:30。塔頂：3月25日～4月30日09:00～17:30，5月09:00～18:30，6～9月09:00～20:30，10月09:00～18:30，11月09:00～17:30，12月～3月24日10:00～15:30 💲全票4PLN，優待票2PLN；教堂加上塔頂8PLN，優待票4PLN ➡從高原門步行約7分鐘 🔗bazylikamariacka.gdansk.pl 🗺P.156

格但斯克最美麗的廣場

特寫鏡頭   長市集街

　　長市集街是格但斯克最美麗的廣場，指的是從綠門到市政廳這段長方形的廣場。由於格但斯克的地理位置剛好位在維斯瓦河的入海口，又是漢薩同盟時期重要的大城之一，甚至讓格但斯克在16、17世紀成為波蘭當時的第一大城，自然吸引周邊國家的紅頂商人、鉅富、貴族到此生活。一棟棟別具特色的豪宅也在長市集街的兩旁爭奇鬥豔，最出名的像是黃金屋(Złota Kamienica)、阿特斯法院(Dwór Artusa)等，藉此彰顯自己的身分地位，還有代表格但斯克城市的海神噴泉(Fontanna Neptuna)，也位於長市集街上。

　　現在的長市集街則成了觀光客喜愛廣場景點，四周不乏許多特色咖啡店與琥珀攤販。

✉ul, DługiTarg, Gdańsk ➡從高原門步行8分鐘 🅜 P.156

1.長市集街上的建築都是獨一無二的／2.長市集街上的「豪宅」，增添了格但斯克的魅力／3.入夜後的景色格外夢幻

格但斯克最美麗的樓房

黃金屋
Złota Kamienica

建築上布滿華麗浮雕與金片的黃金屋，是長市集街最貴氣建築物，還被譽為格但斯克最漂亮的樓房。這是1609年由當時的富商兼格但斯克市長所改建，他將此處原本的老哥德式建築，改建為文藝時期的華麗風格，成為今天黃金屋的樣貌。

黃金屋頂上有4尊雕像，分別代表正義、勇敢、謙虛、謹慎，而屋頂最上方的雕像，

1.分別代表正義、勇敢、謙虛、謹慎的4個屋頂的雕像／2.長市集街最貴氣的黃金屋

則是羅馬神話中眾神之王朱庇特的女兒，命運女神福爾圖娜。

✉ul, Długi Targ 41, 80-980 Gdańsk ➡舊綠門進入長市集街後步行約6分鐘 MAP P.156

曾經是名流富豪聚集之地

阿特斯法院
Dwór Artusa

建於14世紀的阿特斯法院，原本是一個由德國富商建造的公寓，16、17世紀成為當時富豪、貴族、上流社會集會、交換訊息與八卦的主要場所，直到20世紀爆發戰爭與疫情，導致法院多次關閉。1942年被改成證券交易所直到戰爭結束，但過往的榮景也不再復返。

如今阿特斯法院成為格但斯克歷史博物館的一部分，內部美輪美奐的繪畫、裝飾，雕塑等，很值得花時間細細欣賞。

✉ul, Długi Targ 43/44, 80-831 Gdańsk ☎+48 78 944 96 54 ◷週二10:00～13:00，週三、五、六、日10:00～16:00，週四10:00～18:00 💲全票10PLN，優待票5PLN，週二免費 ➡綠門進入長市集街後步行約6分鐘 http muzeumgdansk.pl/oddzialy-muzeum/dwor-artusa MAP P.156

阿特斯法院最早是由德國富商所建造的公寓

代表格但斯克的守護神

海神噴泉
Fontanna Neptuna

興建完成於1633年的海神噴泉，就位於阿特斯法院的正前方，不僅是格但斯克城市的代表，也是現在最受歡迎的觀光景點之一，傳說只要將硬幣丟到噴泉內，命運就會讓你有一天再度回到格但斯克。

回顧海神噴泉的歷史，最早是在1549年於市政廳前面，立了一尊海神(Neptuna)銅像為守護神，後來於1633年擴建成海神噴泉。不過二戰期間海神噴泉遭到破壞，甚至部分還被偷走，一直到二戰結束後，1954年才於原址重建完畢。

格但斯克當地出產一種很有名的伏特加「黃金水」(Goldwasser)，傳說是海神因為看到人們喜歡將硬幣投入噴泉中，此舉激怒了海神，他憤而用手中的三叉戟將噴泉中的錢幣敲成碎金箔，因而成了當地最有名的「黃金水」。

✉ul, Długi Targ, 80-833 Gdańsk ➡綠門進入長市集街後步行約6分鐘 MAP P.156

最受歡迎的格但斯克觀光景點，海神噴泉

1.夜晚的綠門配上橘黃色的燈，又是另一種風情／2.壯觀的綠門是格但斯克的熱門景點之一／3.綠門外就是Motława河

格但斯克最壯觀華麗的門

綠門

Brama Zielona

　　壯麗的綠門於1568～1571年建造，一側面對Motława河岸，另一面則是最熱鬧的長市集街，是格但斯克現今規模最大的門，共有4個拱門通道。不過，綠門並不是城門，而是當時文藝復興式皇宮的一部分，整個綠門上有超過200個浮雕，非常壯觀。

　　綠門一開始原本想作為接待國王或貴族來到格但斯克的住所，只是歷史上並沒有任何一任國王或貴族下榻於此，反而是波蘭第二任總統華勒沙曾經將此作為辦公室。如今，綠門成為格但斯克國家博物館與格但斯克攝影畫廊的分館，拱門下也常見街頭藝人在此表演，吸引遊客駐足欣賞。

✉ul, Długa Targ 24, Gdańsk 📞+48 58 307 59 12 ⏰平時不開放，僅在舉辦展覽期間開放給遊客參觀 💲依展覽有不同票價 ➡長市集街與Motława河岸交叉口 http www.mng.gda.pl MAP P.156

軍火庫

Wielka Zbrojownia

建於1600～1609年的軍火庫，是格但斯克非常具有代表性的文藝復興時期建築。當時的格但斯克為了防止瑞典進攻，特別在此修建了一座大型軍火庫，也因此成了當地儲藏軍火之處。

除了建築物本身很壯觀，軍火庫外觀還有許多精美的鍍金砂岩雕像可以欣賞，不過這些都是二戰後所重建的。1945年二戰即將進入尾聲，軍火庫仍難逃一劫，除了4面牆與部分天花板之外，都被戰火嚴重毀損，後來才於戰後進行重建工程。

現在的軍火庫成為美術學院所在地，也有許多藝術家會選在此處舉辦藝術展覽，增添了軍火庫的文化氣息。

✉Targ Węglowy 6, 22-100 Gdańsk ☎+48 58 301 28 01 🕐12:00～18:00 💲依展覽有不同票價 ➡進入黃金門之後左轉，步行3分鐘 🌐wzbrojowniasztuki.pl 🅜P.156

壯觀的軍火庫，原本是為了防止瑞典進攻而修建

格但斯克起重機

Żuraw

格但斯克起重機在中世紀時，是全歐洲最大的港口起重機，見證了格但斯克輝煌的河港貿易歷史。最初建造於1367年，當時是以全木頭打造，但是1442年的一場火災將木造起重機燒毀，歷經2年重建，加入紅磚建物，整個起重機不再只是純木製建築。

走近起重機下方的門口，可以見到2個非常巨大的木輪，早期是由人力推動來帶動木輪轉動，將貨物舉起來；直到今天，木輪仍可正常運作。目前起重機為格但斯克國家海事博物館之一，可以入內參觀，親自感受這座巨大的木輪機械，館內還有展示16～18世紀格但斯克的港口歷史與生活。

✉Szeroka 67/68,80-835 Gdańsk ☎+48 58 301 69 38 🕐10:00～16:00，每月營業時間略有不同 💲全票8PLN，優待票5PLN，週三免費 ➡從綠門與Motława河岸交叉口步行約5分鐘 🌐www.en.nmm.pl/crane 🅜P.156

1.非常具有歷史痕跡的齒輪／2.起重機也是海事博物館的其中一館

講述波蘭輝煌的航海史

中央海事博物館
Centralne Muzeum Morskie

中央海事博物館是波蘭最大的海事博物館，主要有四大展館：海事博物館、海洋文化中心(Maritime Culture Centre)、起重機(Żuraw)、Sołdek船，都位於Motława河的兩岸，最主要的總部是Motława河右岸的文藝復興式糧倉。

四大展館展出許多格但斯克航運興盛時期的繪畫、海中打撈的寶物、魚叉槍等，都是與海洋、港口、船隻等相關的展品，另外，還有專門的展廳展出海底考古、列寧造船廠的裝備、船隻模型，看完整個博物館後，會對波蘭航海史有完整的了解。

至於停靠在碼頭的Sołdek大船，是二戰之後在波蘭建造的第一艘商業用船，自1985年起做為海事博物館之一，開放給遊客參觀。

✉ Ul. Olowianka 9/13, 80-751 Gdańsk ☎ +48 58 310 86 11 ⏰ 10:00～16:00，每月營業時間略有不同 💲全票8PLN，優待票5PLN，週三免費；聯票18PLN，優待票10PLN ➡ 從高原門步行約半小時 http www.nmm.pl MAP P.156

Sołdek大船是海事博物館之一

老闆親自設計的琥珀飾品

Gallery Styl
Gallery Styl

Gallery Styl是Motława河畔旁的一家琥珀店，店內所有琥珀飾品都是老闆Zbigniew Strzelczyk從挑選寶石開始，到設計、打磨、製作，親自完成的，因此每一項琥珀飾品都是獨一無二，而且售價合理。

除了販售琥珀，Zbigniew Strzelczyk還會不定期舉辦研討會與培訓課程，讓更多人進一步認識琥珀這項美麗的寶石；如果運氣好，到Gallery Styl逛逛時，有機會受邀到Zbigniew Strzelczyk的工作室參觀琥珀設計與製作。

✉ ul. Długie Pobrzeże 31, 80-888 Gdańsk ☎ +48 58 300 08 91 ➡ 起重機旁邊 http amberstyl.pl/en/main-page MAP P.156

1.小巧的店門口／**2.**英國皇室也曾光臨過

1.以傾斜式建築設計的二戰博物館／2.提到二戰，就一定會提到猶太人被送入集中營的悲慘歷史／3.戰爭博物館用3個展示廳，清楚呈現出戰爭對人民的影響有多大

勿忘二戰對人類帶來的傷痛

二戰博物館
The Museum of WWII

第二次世界大戰的開端，正是格但斯克附近的西盤半島(Westerplatte)，該地區在1939年9月1日遭受納粹德國砲擊，正式揭開二戰序幕。

二戰博物館於2017年3月開幕，受到遊客好評，整個展館特殊的傾斜式建築設計，讓博物館成為格但斯克的新地標之一；整個博物館占地面積2萬3,000平方公尺，為常設展覽預留的空間面積約為5,000平方公尺。

讓人印象深刻的除了展館建築，館內對於二戰歷史的介紹也相當全面性。除了透過文件、繪畫、概念空間、影片、互動設施、實物的展出，讓參觀的民眾認識西方戰場的緣由、發展、對當時人民的影響、所使用的武器等等；也有相當大的展區介紹東方戰場，包括中國、日本、東南亞等國家的慘烈戰況，對於生長在亞洲的我們來說，是一段熟悉而殘酷的歷史，即便是對於亞洲戰區不太熟悉的西方民眾而言，也藉由參觀展覽，更加深刻體會到二戰對全球各地的影響。

二戰博物館展出超過2,000件展品，整個館區劃分為三大部分：戰爭之路、戰爭的恐懼、戰爭的陰影。進入博物館之初，會先走進一間戰前的波蘭公寓參觀，如同一般波蘭家庭的日常，客廳有電視，木製高級家具，一旁的餐桌鋪著桌巾，擺上整齊的餐具；不過走到下一間展覽空間，時間推移到這間公寓在華沙被占領時期的樣貌，漂亮的家具不見了，全家人在客廳打地鋪；再到第三個展

Extra 小百科

第二次世界大戰

第二次世界大戰發生在1939～1945年，可說是人類歷史上最大規模的戰爭，涉及全球絕大多數國家，並將參戰國分成兩大對立的同盟國和軸心國，全球總共動員了超過1億名軍人參與戰事，整體影響人數高達19億人。

二戰期間發生許多慘絕人寰的屠殺行動，包括納粹將猶太人關入集中營、中國南京大屠殺、日軍在中國東北做細菌戰等，加上美國對日本廣島與長崎投下兩顆原子彈，使得二戰全球平民死亡人數高達5,000～7,000萬人，是人類歷史上死亡人數最多的戰爭。

另外，二戰徹底改變世界局勢，戰後由美國、蘇聯取代過往的歐洲殖民帝國，並在戰後形成兩極的局面直到1990年代。

館，是華沙遭戰火砲擊後，建築物被炸出大洞，波蘭家庭被迫居住在殘破的空間中。光是上述的展覽內容，就帶給參觀民眾相當大的震撼。參觀完二戰博物館或許心情會有些許的沉重，但這也提醒人們不能遺忘這段歷史，未來更不應該讓戰爭重演。

✉ Plac Władysława Bartoszewskiego 1, 80-862 Gdańsk 📞 +48 58 760 09 60 🕐 10月～隔年5月週二～五10:00～19:00，週六、日10:00～20:00；6～9月週二10:00～19:00，週三～日10:00～20:00，週一休館 💲 全票23PLN，優待票16PLN，語音導覽5PLN，週二免費 ➡ 搭乘3、8、10號電車至PlacSolidarności station，再步行至博物館 🌐 muzeum1939.pl/en ❓ 館內展覽豐富，建議預留至少2～3小時的參觀時間 🗺 P.156

典雅奢華的美麗街道

琥珀街
Ulica Mariacka

琥珀街是一條位於聖母瑪莉亞教堂前的寧靜小街，這條街上的每一棟建築設計都是細膩而華美，配上家門前的貴氣雕飾、種植的美麗花卉，以及每一家琥珀店擺出的精美飾品，襯托出整條街典雅而奢華的氣息。

琥珀街開始發展的時間可以回溯至14世紀，當時許多紅頂商人、富豪來到格但斯克生活，並在此興建豪宅；為了展示自家的財力與勢力，每一幢房屋都修建得美輪美奐。門前雕像、石階、圍籬，缺一不可，充滿濃濃的異國風情，讓琥珀街名正言順成為格但斯克最美麗的街道。

1.琥珀店家擺出精美的飾品／2.整條街散發典雅而奢華的氣息

雖然琥珀街在二戰時期遭到嚴重毀損，但戰後格但斯克市民齊心重建家園，恢復琥珀街昔日的美麗，並吸引琥珀商家與咖啡店進駐。在每一家展示的琥珀寶石襯托下，又替琥珀街增添了獨特的貴氣與浪漫。

✉ ul.Mariacka, Gdańsk ➡ 從高原門步行9分鐘 ❓ 琥珀街的店家關門時間比較早，如果想好好選購琥珀，建議預留充足的時間 🗺 P.156

好玩 PLUS

選購琥珀

格但斯克是波羅的海黃金——琥珀的主要產地之一。當地店家販售的琥珀，從耳環、項鍊、手鍊等小飾品，到一整串貴氣的項鍊、諾大的墜飾等，選擇相當多樣化，價格帶也從幾百元到上萬元台幣不等。

這邊的琥珀店家，通常都會清楚標出飾品的價格與寶石重量，讓顧客一目了然，不用費心一個一個詢價。挑選琥珀時只要注意不要買到假貨，造型為自己喜愛的即可。

1

歐洲團結工聯中心與團結工聯紀念碑

Europejskie Centrum Solidarnościand Pomnik Poległych Stoczniowców

波蘭是中東歐國家之中最早進入民主化的國家，背後的推手正是「團結工聯」(Niezależny Samorządny Związek Zawodowy "Solidarność")。1980年8月，格但斯克的列寧造船廠發生工人罷工事件，抗議當時在共產政權統治下的蕭條經濟，國內物價上漲，但是人民薪資凍漲，引發波蘭國內一連串罷工事件。

最後，勞工代表與當時的政府談判成功，為波蘭邁向民主化的第一階段，並於同年9月由前波蘭總統萊赫·華勒沙領頭，組成全國性的工會團結工聯。該工會是華沙條約簽約國裡第一個非共產統治的工會組織，不僅帶領波蘭持續向民主時代邁進，也替鄰近受到共產政權統治的國家帶來絕對的示範作用。當時各國工人崛起、反對歐洲共產主義的團體紛紛勇敢站出來，促使東歐共產主義的政權垮台，影響甚至擴及1990年代初期的蘇聯解體。

如今，80年代團結運動發起地點，也就是格但斯克造船廠2號門，成為了團結工聯運動團結廣場。廣場中間諾大的三連十字架紀念碑，是為了紀念1970年12月抗議活動的受害者。

1.整個展場設計相當用心，讓參觀者能身歷其境／2.歐洲團結工聯中心博物館外觀／3.仿照當時實景為主的設計，讓人彷彿回到過去的年代／4.過程中犧牲了許多勞工的生命／5.歐洲團結工聯中心博物館強調與參觀者的互動，可以直接坐進這台機器裡

　　廣場旁的龐大建築，則是歐洲團結工聯中心(ECS)，內部設有團結工聯常設展館，整個占地達3,000平方公尺，共分成七大主題：團結工聯的誕生、無能為力的力量、團結工聯與希望、社會之戰、民主之路、自由的勝利、和平變革的文化。館內展出的文件、照片、手稿、影片、互動裝置與展覽品達1,800件之多，還有許多情境式空間，讓參觀者能親自體驗坐在起重機、罷工抗議巴士內，搭配逼真的聲光音效，彷彿讓人回到當時抗爭的現場。

　　參觀ECS博物館一定要記得聽語音導覽，能更了解團結工聯對於中東歐民主化過程扮演舉足輕重的角色；導覽機會自動偵測參觀者所在之處，播放眼前的導覽說明，相當科技化。

✉pl. Solidarnosci 1, 80-863 Gdansk ☎+48 58 772 41 12 🕐5～9月週一～五10:00～19:00、週六、日10:00～20:00；10月～隔年4月週一、三～五10:00～17:00，週六、日10:00～18:00；週二休館 💲全票20PLN，優待票15PLN ➡搭乘1、7、8、10、12號電車至Plac Solidarności站，或是搭乘100、151、154號公車至Wały Piastowskie站 🌐www.ecs.gda.pl ⁉建議租借語音導覽 🗺P.156

歐洲最美麗的濱海長廊

Spotlight
特寫鏡頭

索波特

距離格但斯克不遠的索波特(Sopot)，與格丁尼亞(Gdynia)、格但斯克(Gdańsk)並稱為三聯市(Trójmiasto)。從地圖上來看，這3個城市緊密相鄰，都坐落在波羅的海格但斯克灣沿岸。因為波蘭臨海城市不多，三城市的海岸在夏季時期常吸引大批觀光客造訪。

索波特被波蘭人視為海濱度假勝地，若將時間倒轉至16世紀，這裡只是一個小鎮，居民多為中產階級的農民；到了17世紀，索波特才成立了漁村，也漸漸吸引格但斯克市民到此處度假、放鬆心情。

如今，每到夏天，索波特大片沙灘上總是擠滿到這裡感受夏季熱情陽光的波蘭人與遊客，幸運的話，還能在沙灘與海面上看到成群的天鵝；另外，索波特最著名的就是濱海木棧橋Molo，夏天在陽光與蔚藍海洋的環繞下，漫步在長廊上格外浪漫。由於三聯市的距離都相隔不遠，城市間的交通網路相當密集，如果到格但斯克旅遊，不妨抽空至索波特來一趟充滿海洋元素的小旅行。

➡️ 從格但斯克火車站搭車至索波特相當方便，火車車程約15～20分鐘，車次密集，票價約4～7PLN ⏳半天 🗺️ P.152、172

三聯市與馬爾堡周邊

波羅的海

Dragon 海盜船 📷

Hel 海爾

Gdynia 格丁尼亞

格但斯克灣

Sopot Molo 📷 索波特濱海木棧橋

Sopot 索波特

Krzywy Domek 📷 哈哈屋

Gdańsk 格但斯克

Westerplatte 西盤半島

Elbląg •

Malbork 馬爾堡城堡

Czarlin •

歐洲最長的美麗木棧橋

索波特濱海木棧橋
Sopot Molo

索波特純白的木棧橋不僅浪漫，還是全歐洲最長的木棧橋，長度達511公尺，其中有458公尺都在格但斯克灣的海上，全數由原木打造。現在大家所看到橋的主要樣貌，是在1928年所興建的，雖然二戰時遭破壞，但戰後又重建了她的美麗。

走在木棧橋上面，一邊享受迎面而來的陣陣海風，一邊欣賞著整個被海洋與沙灘環繞的景色，既悠閒又浪漫，還能不時看到海鷗與天鵝在空中飛翔。

木棧橋的盡頭有一家布置優雅的餐廳，如果逛累了可以到餐廳裡稍事休息，也是一種享受。另外，木棧橋靠近陸地與沙灘這端，在夏天常有許多市集、特色酒吧、咖啡店，若有時間也可在這裡感受夏季氛圍。

✉Plac Zdrojowy 2, 81-723 Sopot ☎+48 58 551 12 76 ⏰24小時開放，售票時間：4月28日～6月21日08:00～21:00，6月22日～9月2日08:00～23:00，9月3日～9月30日08:00～20:00 💲4月28日～9月30日全票8PLN，優待票4PLN，其他時間免費 ➡索波特火車站出站後順著大街走 🌐molo.sopot.pl/?lang=en 🗺P.172

1.索波特有全歐洲最長的木棧橋／**2.**海邊的碼頭

全球前50強特殊建築

哈哈屋
Krzywy Domek

來到索波特，你無法不注意哈哈屋的存在，甚至有不少人是專程到此，想親眼目睹這棟外觀相當特殊、造型不規則的房子！完全顛覆一般人對建築的認知，並帶了一些童趣，除了曾入選為全球前50名最特殊建築，也是波蘭最受歡迎景點之一。

於2004年完工的哈哈屋，由建築師Szotynscy Zaleski所設計，歪歪扭扭的房屋設計靈感，來自童書插畫家Jan Marcin Szancer和Per Dahlberg的啟發。整個哈哈屋面積約4,000平方公尺，現在是複合式購物中心的一部分，內部有咖啡店、餐廳、商場，而且哈哈屋室內設計也同樣令人耳目一新，頗有童話趣味之感。

✉Bohaterów Monte Cassino 53, 81-767 Sopot ☎+48 58 555 51 25 ⏰11:00～18:00 ➡索波特火車站出站後順著大街走 🌐krzywydomek.info/home-page.html 🗺P.172

建築外觀很特別的哈哈屋

波蘭最大商用港口

格丁尼亞

　　三聯市之中位置最北方的格丁尼亞(Gdynia)，是第一次世界大戰後才興建的港口。開港後城市迅速蓬勃發展，現在的格丁尼亞已經躍升為波蘭第一的港灣建設，也是波蘭最大的商業港口，所有波羅的海的郵輪若要停靠波蘭，格丁尼亞是不二之選。

　　由於格丁尼亞的地理位置與條件，這裡成為波蘭海洋研究的重鎮，港邊的博物館、水族館則肩負海洋教育的任務。

　　來到格丁尼亞，記得到港邊的海濱人行道散散步。這條人行道長1.5公里，整體規畫宜人，走在步道上是相當舒服的事。道路旁有許多餐廳、冰淇淋店與紀念品店，如果夏天造訪，常常可以見到遊客人手一支冰淇淋呢！

　　另外，格丁尼亞港口停了一艘參與過二戰的波蘭軍艦Błyskawica，現在已經成為一座博物館船供遊客參觀，若有機會不妨登船去感受一下軍艦威嚴的氣氛。

➡️ 從格但斯克火車站搭車至比較北邊的格丁尼亞，車程約30分鐘，車次算密集，票價約7PLN ⏳半天 MAP P.152、172

1.至格丁尼亞的火車／**2.**參與過二戰的波蘭軍艦Błyskawica

體驗波羅的海的浪漫

海盜船Dragon

　　如果想要來一段波羅的海航行體驗，這艘最多可以承載200人的Dragon海盜船是很不錯的選擇。海盜船會先繞行碼頭一周，欣賞附近大大小小，從俄羅斯、芬蘭等各國開來的船隻，同時，還能從甲板上欣賞一望無際的美麗波羅的海。整個海上行程約50分鐘，最後會回到同樣的碼頭邊停靠。

　　如果想在航海時來點美食相伴，船上也有提供餐飲與調酒，讓遊客能邊欣賞美景，邊享用美食；復古的船艙內本身就是一個酒吧，如果海風吹多了，換到船艙裡休息也別有一番風味。

✉al. Jana Pawła II 1, 81-345 Gdynia 📞+48 78 598 91 83 ⏰11:00～19:00，開船時間：11:00、12:30、14:00、15:30、17:00、18:30 💲每人30PLN，餐點另計 ➡從格丁尼亞火車站步行至海濱人行道碼頭，約15分鐘 🌐dragon-dragon.com.pl ❓航海一圈約50分鐘 🗺P.172

1.搭船享受海上風光／**2.**Dragon海盜船

曾為條頓騎士團的首都

Spotlight

特寫鏡頭

馬爾堡

圖片提供／波蘭旅遊局

馬爾堡(Malbork)位於格但斯克東南方60公里，中世紀時，因為條頓騎士團將此地設為首都，替馬爾堡帶來繁榮的商業活動，加上相當靠近格但斯克的琥珀交易港口，馬爾堡儼然為中世紀最富有的城市之一。

被列為世界遺產的馬爾堡城堡，更是馬爾堡地區的觀光重頭戲，條頓騎士團耗費40年的時間興建這座城堡，將城堡妝點得美輪美奐，城堡占地也非常廣闊，如果仔細遊覽必須花上一整天的時間。

除了有形的城堡，每年7月中旬，馬爾堡會舉辦中世紀慶典活動——馬爾堡包圍戰(Oblężenie Malborka)，當地會舉辦一系列相關慶典活動。

➡️ 從格但斯克火車站搭車至馬爾堡，車程約30分鐘～1小時，依火車快慢，票價也有所不同，約從13～30 PLN不等。也有巴士從格但斯克開往馬爾堡，車程約1小時，但車次不多，一天只有1～2班 🕐半天 🗺️P.172

全世界最大紅磚城堡

馬爾堡城堡

親眼見到馬爾堡城堡這座全歐洲最大的紅磚城堡，你一定會被它的龐大規模給震懾住。中世紀時這裡曾是條頓騎士團的首都，他們在1309年從威尼斯來到馬爾堡定居後，歷經40年的城堡擴建，才完成這座被列為世界遺產的壯觀城堡建築。馬爾堡的設計相當有巧思，共由低城、中城、高城3部分所組成，每一種城牆都別具特色。

不過，馬爾堡城堡過去曾易主多次。1772年波蘭被列強瓜分時，馬爾堡城堡成了普魯士軍隊的軍營；到了二次大戰時變成納粹德國的堡壘，並慘遭納粹戰火的摧殘；等到第二次世界大戰結束後，波蘭政府才投入大量人力與物力，修復這座中世紀以來最具代表性的紅磚城堡。

到馬爾堡城堡，能身歷其境感受過去條

壯觀的紅磚城堡馬爾堡(圖片提供／波蘭旅遊局)

頓騎士團在這裡的生活，不僅是參觀城堡本身，導覽還會介紹當時人們的生活、飲食、宗教等文化面的歷史，因此強烈建議參觀馬爾堡城堡要使用導覽機，或是跟著導遊講解。也建議對這段歷史不熟悉的遊客，可以在出發前先上網了解一下馬爾堡的歷史，有個概略的認知，這樣到了現場能更加融入整個情境與解說。

✉Starościńska 1, 82-200 Malbork ☎+48 55 647 09 78 ◷4月21日～9月30日09:00～20:00，10月1日～4月20日10:00～16:00；5月有開放夜間城堡參觀；由於每個季節開放時間不同，詳情請上官網查詢 💲4月21日～9月30日全票39.5PLN，優待票29.5PLN，10月1日～4月20日全票29.5PLN，優待票20.5PLN ➡從馬爾堡火車站步行至城堡約15分鐘 httpwww.zamek.malbork.pl/en ❓5、6、9月的週末與假日，以及7、8月每天上午11:30提供導覽耳機或英文導遊帶著遊客參觀。週一參觀免費，有導遊或導覽耳機須支付8PLN MAPP.172

馬爾堡內部高挑且充滿中世紀風格的天花板(圖片提供／高志尊教授)

格但斯克美食樂

舊城區
Restauracja Gdańska

在波蘭獲得無數美食獎項、協會認證的 Restauracja Gdańska，是一家在格但斯克的老牌餐廳。飯店內部裝潢宛如一家博物館，顧客可以在這裡找到裝飾華麗的牆壁、描繪300年前古城生活的模型等，配合周邊古典的擺設，用起餐來非常有復古的氣氛，晚餐時段還會有樂手與歌手現場演唱。

Restauracja Gdańska的傳統波蘭料理精緻而且美味，來到這邊不可錯過蘋果鴨與魚類料理，另外還有開胃菜、湯品、魚類料理、

1.典雅的用餐環境／2.餐廳內的擺飾宛如一家博物館／3.許多名人曾光臨過Restauracja Gdańska

波蘭菜肴等選擇。格但斯克的啤酒也很有名，Restauracja Gdańska提供多款啤酒選擇，配上餐點一起享用，絕對是非常完美的一餐。

✉ul. Św. Ducha 16/24, 80-834 Gdańsk ☎ +48 58 305 76 71 🕐 12:00～23:00 💲 $$$～$$$$，主餐50PLN起 🌐 gdanska.pl 🗺 P.156

格但斯克住宿趣

麗笙飯店

Radisson Blu Hotel

格但斯克的麗笙飯店就位於舊城區熱門景點綠門旁的靜巷內，地點非常優異，是當地熱門的五星飯店選擇。在飯店建築設計上，這間麗笙飯店相當迷人，整個飯店位於一棟歷史悠久的哥德式經濟住宅內，大門圍牆還保留著古宅的紅磚。

麗笙飯店的房間也相當舒適，不僅空間寬廣，床鋪柔軟易眠，每間房間皆附有迷你吧與咖啡機，讓旅客回到飯店，就如同回到自己家一樣自在放鬆。

由於麗笙飯店親切且優秀的服務，獲得眾多旅客在TripAdvisor、Hotels.com、Booking.com等訂房網站上一致的好評。不論是入住、早餐、客房服務、退房手續等，都令旅客相當滿意，也是來格但斯克旅行的住宿好選擇。

✉ Długi Targ 19, 80-828 Gdańsk ☎ +48 55 325 44 44 💲 $$～$$$$$，雙人房290PLN起 🚶 從市政廳步行約7分鐘 http www.radissonblu.com/en/hotels/poland/gdansk MAP P.156

1.麗笙飯店大廳／**2.**寬廣的房間

索波特＋格丁尼亞輕旅遊

由格但斯克中央車站出發，搭乘IC、REG或SKM列車，時間約20～35分鐘不等，於格丁尼亞車站下車，步行20分鐘

Dragon航海船
(50分鐘)

 步行 **10分鐘**

格丁尼亞海灘
(60分鐘)

步行20分鐘至格丁尼亞車站，可搭乘IC、REG或SKM列車，時間約10分鐘，於索波特車站下車，步行約10分鐘

索波特濱海木棧道
(1.5小時)

返回索波特車站搭乘IC、REG或SKM，時間約12～20分鐘，於格但斯克中央車站下車

城市漫遊	P.183
托倫交通資訊	P.186
舊城區	P.187
托倫美食樂	P.194
托倫住宿趣	P.195

托倫

Torun 托倫

時間宛如停留在中世紀的古城托倫，是波蘭天文學家哥白尼的故鄉，也是薑餅的發源地。整座小鎮都是磚紅色的古建築，街道格局也保留著中世紀的模樣，彷彿 800 年來不曾改變過。托倫因為優越的地理位置與歷史背景，中世紀曾一度為波蘭境內高度商業發展的城市，也因為其特殊性，1997 年整座城鎮被列為世界遺產。

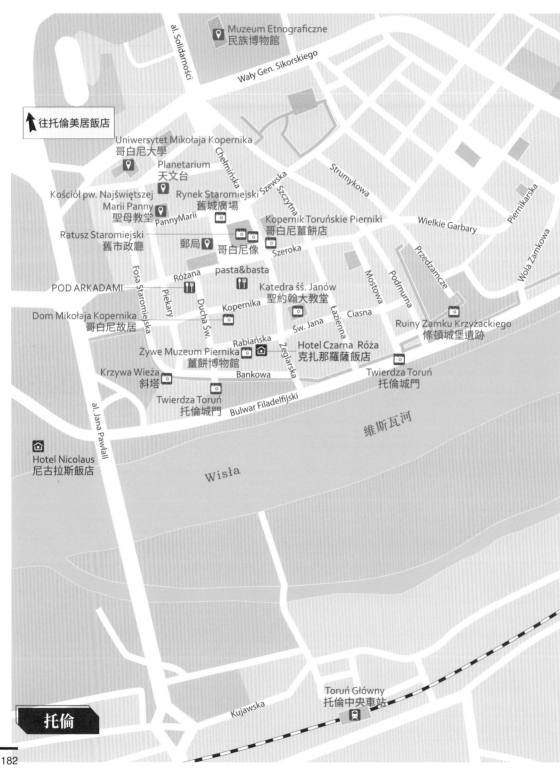

Muzeum Etnograficzne
民族博物館

Wały Gen. Sikorskiego

al. Solidarności

往托倫美居飯店

Uniwersytet Mikołaja Kopernika
哥白尼大學

Chełmińska

Strumykowa

Szewska

Planetarium
天文台

Szczytna

Piernikarska

Kościół pw. Najświętszej
Marii Panny
聖母教堂

PannyMarii

Rynek Staromiejski
舊城廣場

Kopernik Toruńskie Pierniki
哥白尼薑餅店

Wielkie Garbary

Wola Zamkowa

Ratusz Staromiejski
舊市政廳

郵局 哥白尼像

Szeroka

Przedzamcze

Podmurna

Różana

pasta&basta

Fosa Staromiejska

Mostowa

POD ARKADAMI

Piekary

Katedra śś. Janów
聖約翰大教堂

Ciasna

Dom Mikołaja Kopernika
哥白尼故居

Ducha Św.

Kopernika

Łazienna

Św. Jana

Ruiny Zamku Krzyżackiego
條頓城堡遺跡

Rabiańska

Żeglarska

Żywe Muzeum Piernika
薑餅博物館

Hotel Czarna Róża
克扎那羅薩飯店

Krzywa Wieża
斜塔

Bankowa

Twierdza Toruń
托倫城門

al. Jana Pawła II

Twierdza Toruń
托倫城門

Bulwar Filadelfijski

維斯瓦河

Hotel Nicolaus
尼古拉斯飯店

Wisła

Toruń Główny
托倫中央車站

Kujawska

托倫

182

城市漫遊

哥白尼的故鄉，
美麗的中世紀古城

　整座城鎮都是紅磚牆瓦的建築、充滿中世紀風格的托倫，是位於華沙西北方的城鎮，除了是波蘭天文學家哥白尼的故鄉，也是托倫薑餅的發源地。至今都還保留著中世紀的街道格局，漫步在此，會給人一種時光彷彿回到中世紀的錯覺，整座城鎮也在1997年被列為世界遺產。

　托倫靠著優越的地理位置，以及1233年條頓騎士團在此建城，並加入漢薩同盟，讓托倫在中世紀曾一度成為高度商業發展的城市，亦是歐洲重要的貿易中心。包括酒類、紡織、皮革等貴重商品的運輸，都必須經過托倫再轉往其他城市，因而讓許多重要的市政廳、教堂等建築選擇在此興建，當地的經濟活動也跟著蓬勃發展。

　不過，托倫也並非一帆風順。18世紀的托倫，在波蘭被瓜分的過程中，被劃分給普魯士，一戰之後才重新回歸波蘭領土。但好景不常，二戰爆發後，托倫又被德國占領，幸運的是托倫並沒有受到戰火波及，直到1945年2月正式再度回歸波蘭的懷抱。

當地賣紀念品的小店

1 **2** **3**

建城超過800年歷史的托倫，如今不只承載著歷史的風貌，在現代生活的節奏下，更演繹出新的輝煌生命力，是波蘭境內相當受歡迎的旅遊景點之一。

 遊覽重點

托倫的景點相當集中，全部都位於舊城區內，基本上，花一天時間就能逛完這個迷人的中世紀古城。來到托倫，首先別錯過最具代表的哥德式舊市政廳，建議可以登上東南側的高塔，眺望整個古色古香的托倫與維斯瓦河，再散步至見證托倫輝煌年代、現存最古老的聖約翰大教堂。

另外，托倫是哥白尼的故鄉，位於「哥白尼街」上的哥白尼故居，也是哥白尼誕生的地方，現在被規畫為博物館。內部經過精心修復，力求完整呈現當年哥白尼家中的生活

托倫精選經典路線

托倫舊市政廳
(50分鐘)

步行約 **2分鐘**

哥白尼故居
(30分鐘)

步行約 **2分鐘**

氛圍，同時也展出哥白尼的畫像、他曾閱讀過的書籍、拉過的小提琴等。

　　相隔哥白尼的家一條街的距離，是托倫薑餅博物館。內部特別設計成16世紀的薑餅烘焙坊，在這裡，遊客可以親自體驗手作薑餅的樂趣，專業的導覽人員會向參加課程的遊客，詳細解釋薑餅的歷史與製作方式。透過寓教於樂過程，讓遊客更了解托倫薑餅的歷史意義。

1.從市政廳高塔上遠眺托倫市區／2.托倫市政廳／3.條頓騎士城堡遺跡，因為場景特殊，常被用來辦活動、拍電影／4.街頭藝人與小女孩／5.哥白尼雕像與市政廳，兩大托倫的代表／6.薑餅造型吸鐵／7.可以自己動手作的薑餅博物館

　　如果景點逛累了，很推薦到維斯瓦河河畔散步休息，遼闊的河面配上悠閒的步調，讓人整個心情都放鬆了起來，也體會到托倫古城另一面迷人的風情。

薑餅博物館
(60分鐘)

步行約
10分鐘

條頓城堡城堡遺跡
(30分鐘)

步行約
10分鐘

托倫城門、維斯瓦河河岸散步道
(40分鐘)

托倫交通資訊

如何到托倫

1.火車

從華沙、克拉科夫、格但斯克、波茲南等，都有到托倫的火車。從華沙出發，車程約3～4小時，格但斯克至托倫約2.5～3.5小時，正確時刻與班次可上網查詢。建議若有時間，可事先上網預訂，並將電子票券列印出來，方便在火車上驗票。(關於火車交通更詳細的介紹，請見P.214)

2.巴士

欲從其他城市到托倫，也可以搭乘巴士，而且票價不貴，推薦波蘭巴士Polski Bus與歐洲長途巴士FlixBus。從華沙至托倫車程約4小時，詳細班次與停靠站可上網查詢。長途巴士站位於市中心，距離舊城區北方約1公里處，下車後步行約15分鐘可到達舊城區。(關於巴士交通更詳細的介紹，請見P.215)

托倫市區交通

從托倫火車站到市中心有一小段路，可搭乘22、27號巴士往返。進入市區與舊城區之後，基本上各景點都可以步行到達，如果要搭路面電車或巴士，票價2.8PLN起跳。

托倫的車票

http 托倫旅遊局：www.torun.pl/en

從波茲南前往托倫的火車，最好事先網路訂票

托倫火車站的站牌

舊城區
Stare Miasto

13世紀條頓騎士團在托倫建城，開啟了托倫在中世紀的輝煌歷史，也讓這裡留下許多值得旅人細細品味的景點。不論是中世紀修建完成的舊市政廳、聖約翰大教堂、托倫城門，或是現在剩下斷壁殘垣的條頓城堡遺跡，都代表著托倫的曾經。

另外，托倫是發表地動說的天文學家哥白尼的故鄉，也是薑餅的發源地。到托倫別忘了參觀哥白尼故居，還有到薑餅博物館享受親手製作薑餅的樂趣。

舊市政廳

Ratusz Staromiejski

托倫舊市政廳是托倫重要的中世紀代表古蹟，也是歐洲最大的紅磚建築之一，呈現濃厚的哥德式建築風格，是遊覽托倫整個舊城的最佳地標與起點。過去幾個世紀，舊市政廳一直是行政與商業的主要中心，不論是波蘭國王或條頓騎士團來到托倫，都會下榻於此，其重要性可見一斑。

舊市政廳於1391年動工建造，不過中間歷經多次重建，包括市政廳東側的高塔與屋頂，在18世紀瑞典軍隊大舉入侵波蘭時成了犧牲品，也毀壞了內部許多珍貴的裝飾與藝術品。

以建築物修建時間來看，市政廳高塔的興建時間，反而比起市政廳主建築還要早了1個世紀。目前舊市政廳被當作博物館，收藏晚期哥德式和哥德式藝術藏品。

很推薦夏季到托倫旅遊時，可以爬上市政

1.磚紅色的托倫市政廳／**2.**從市政廳高塔俯瞰托倫市區

廳高塔，從高處瞭望整個托倫古城依著維斯瓦河的美景，廣闊的景致與一整片磚紅古城相互輝映，景色絕對令人難忘。

✉Ratusz Staromiejski 1, Toruń ☎+48 56 660 56 21 ⏰5～9月10:00～18:00，10月～隔年4月10:00～16:00，週一休館。高塔5～9月開放至20:00，11月～隔年3月開放至16:00，10、4月開放至18:00 💲博物館與塔樓全票各13PLN，優待票各9PLN，聯票全票21PLN，優待票16PLN。每週三免費入館參觀 ➡至舊城區步行約2分鐘 🌐www.muzeum.torun.pl 🗺P.182

過往市民的生活中心

舊城廣場

Rynek Staromiejski

幾百年來，托倫舊城廣場曾是以前市民的生活中心，也是商品交易的重要集散地，可以說是這個城市最繁華之處。雖然現在的舊城廣場已不再是托倫最熱鬧的市中心，但其廣場周圍都是相當具有代表的建築，透露出托倫舊城的風華歷史。

現在托倫若遇上重要的節日慶典、表演活動等等，還是會選在舊城廣場舉行，而且每到假日，常能見到成群

1.遼闊的舊城廣場，許多活動都會在這裡舉辦／2.托倫是哥白尼的故鄉，到處都可以看到哥白尼雕像、店名、繪畫

的遊客專程來到托倫，感受這裡濃濃的中古世紀歷史氛圍。

環顧舊城廣場四周，可以看到文藝復興式的亞瑟會館、巴洛克造型建築的星星之屋、聖母瑪利亞教堂、新哥德式時期的郵局建築等，都各具特色，若有時間不妨放慢腳步，仔細欣賞這些建築之美。

廣場上還有一座150年前興建的天文學家哥白尼雕像，常為熱門的拍照景點，也再次向來到托倫的遊客強調，這裡是哥白尼的故鄉，一個別具歷史意義的世界遺產古城。

✉ Ratusz Staromiejski, Toruń ➡️ 至舊城區步行約2分鐘
🗺 P.182

托倫現存最古老的教堂

聖約翰大教堂

Katedra śś. Janów

於13世紀開始建造的聖約翰大教堂，歷時200年的時間才正式完成，是托倫現存最古老的教堂，也是最壯觀的教堂建築。其內部白色教堂天花板，給予人神聖之感，天文學家哥白尼就是在此受洗。

來到聖約翰大教堂，最珍貴的寶物莫過於1502～1506年完成的主祭壇、巴洛克式與洛可可式的祭壇，以及牆面珍貴的美麗壁畫。此外，現存於聖約翰大教堂的大鐘，是中世紀波蘭最大的大鐘，直徑達2.27公尺，重達7.5噸，當時為了強化鐘樓能承受大鐘

的重量，特別設計了許多木製結構。現今，聖約翰大教堂的大鐘，與克拉科夫瓦維爾大教堂內的齊格蒙特鐘，被視為波蘭教堂中直徑最長的兩座大鐘。

聖約翰大教堂內的珍貴壁畫，哥白尼就是在聖約翰大教堂受洗

✉ Żeglarska 16, 87-100 Toruń 📞 +48 56 657 14 80 🕐 週一～六09:00～17:30，週日14:00～17:30，週一休館。高塔5～9月開放至20:00，11月～隔年3月開放至16:00，10、4月開放至18:00 💲大教堂免費入內，高塔全票7PLN，優待票5PLN ➡️ 至舊城區步行約2分鐘 🌐 www.katedratorun.pl ❓11月～隔年3月不開放參觀 🗺 P.182

哥白尼故居
Dom Mikołaja Kopernika

出生於托倫的哥白尼,是奠定西方天文學「日心說」,又稱為「地動說」的偉大天文學家。他在1543年發表《天體運行論》,證明地球繞著太陽轉的「日心說」,撼動歐洲中世紀宗教神學的理論基礎,並開啟哥白尼革命,對於推動科學革命有絕對性的影響。

位於「哥白尼街」的15世紀哥德式豪宅,正是哥白尼出生的地方,由於哥白尼的父親是克拉科夫的商人,母親則是托倫當地商人的女兒,因此,哥白尼可謂出生在頗為富裕的家庭,這棟建築物現在被規畫為托倫重要的博物館之一。館內盡心重現哥白尼當年生活在此所用的家具、牆壁、擺設、格局,讓參觀者一窺15世紀漢薩同盟城市富豪之家的氣氛。

哥白尼的家還有展出他的研究手稿、使用過的天象觀測儀器;另外,哥白尼對於小提琴演奏也相當在行,館內還特別展示他所使用過的小提琴,顯現出哥白尼多才多藝的一面。

哥白尼故居的外觀

來到托倫,會發現許多店家、飯店、商品、食品,甚至是醫院與大學,都用哥白尼為名,可以看出托倫真的非常以哥白尼為榮呢。

✉ Mikołaja Kopernika 15/17, 87-100 Toruń ☎ +48 56 660 56 13 🕐 1～4月10:00～16:00,5～9月週日10:00～18:00,10～12月10:00～16:00,週一休館 💲 11PLN、優待票8PLN 🚶 舊城廣場步行約5分鐘 🔗 www.muzeum.torun.pl/strona-24-dom_mikolaja_kopernika.html 🗺 P.182

斜塔
Krzywa Wieża

✉ Pod Krzywą Wieżą 1, 87-100 Toruń 🚶 舊城廣場步行約5分鐘 🔗 www.torun.pl/pl/turystyka/zwiedzanie-miasta/zabytki/krzywa-wieza 🗺 P.182

除了義大利的比薩斜塔,波蘭也有托倫斜塔,是舊城區頗具代表的地標性建築,修建於13世紀,位於舊城的西南方,在托倫城門 Brama Klasztorna 旁邊。由於斜塔的土地地質很軟,因此樓塔興建完成後即開始傾斜,目前塔頂和塔底有達1.5公尺的差距。

18世紀時,斜塔已經不再被用作防禦功能,改為女子監獄,到了19世紀又做為鐵匠工坊,現今此處作為商家之用。

位於城門邊的托倫斜塔,根據測量,塔頂與塔底有1.5公尺差距

1.托倫城門全景，非常美麗，吸引遊客到此拍照／2.城門看出去就是波蘭最著名的維斯瓦河／3.城牆巷弄風情

保衛著托倫安全的歷史遺跡

托倫城門

Twierdza Toruń

托倫在城外修建的城門與堡壘，曾經是波蘭最堅實的要塞，保護著托倫市民的安全，雖然二戰時期城門遭戰爭破壞，但到現在還是可以看出他們曾經的輝煌歷史。

目前托倫共有3個具有特色的城門保存下來，主要集中在城鎮南邊的維斯瓦河岸旁，從Brama Zeglarska城門走出去的景色最值得一看，能馬上見到美麗廣闊的維斯瓦河景。

看著在河畔邊漫步的市民與遊客，再回頭看看充滿歷史感的托倫城門，會讓人忍不住遙想托倫過去最黃金的年代，留給後人最珍貴的歷史遺跡。

☒ 維斯瓦河沿岸　➡ 舊城廣場步行約5分鐘　MAP P.182

| Extra 小百科 |

漢薩同盟Hansa Teutonica

漢薩在德文中，代表「公所」或者「會館」，最早在12世紀中期漸漸形成，於中歐的神聖羅馬帝國與條頓騎士團等城市間，成為緊密連結的商業與政治聯盟。14～15世紀達到巔峰期，當時有超過160個城市加入。

漢薩同盟在鼎盛時期，於英國倫敦至俄羅斯諾夫哥羅德綿延沿海地區，建立許多商站，壟斷整個波羅的海地區的貿易，快速累積同盟雄厚的財力。不過進入15世紀中期之後，隨著德國、英國等國家工商業快速發展，加上海上新航路不斷開拓，減弱了漢薩同盟的勢力，最後於1669年正式解體。

1.客人在店裡選購薑餅伴手禮／**2.**不同口味、不同造型的薑餅／**3.**托倫最有名的哥白尼薑餅店，在托倫有5家分店

托倫歷史的開端

條頓城堡遺跡
Ruiny Zamku Krzyżackiego

條頓城堡遺跡雖然看起來像是殘破的廢墟，但也因為這裡特殊的歷史氛圍，現在許多藝術團體、藝術活動、音樂會等仍然喜歡選在此舉辦，也有不少電影來此取景。

事實上，條頓城堡遺跡對托倫而言具有絕對的歷史意義，13世紀時，條頓騎士團來到托倫興建了這座城堡，並向教廷正式註冊此地為「托倫」，揭開了托倫歷史的序幕。

到了15世紀，當時的波蘭、立陶宛、俄羅斯組成聯軍對抗條頓騎士，並成功擊敗條頓騎士團，使之開始衰敗。到了1454年，托倫居民奮起對抗條頓騎士團，並拆毀城堡。因此，現在只剩下一間塔樓保存還算完整，不過仍然可以看出整個城堡遺跡的馬蹄形輪廓，並以堅硬的石塊作為地基，顯示其過往全盛時期的勢力。

✉ ul. Przedzamcze 3, Toruń 📞 +48 56 621 08 89 🕐 10:00～17:45 💲 11PLN、優待票8PLN ➡ 舊城廣場步行約10分鐘 🔗 www.torun.pl/pl/turystyka/zabytki/zamki/ruiny-zamku-krzyzackiego 🗺 P.182

1.條頓城堡遺跡的一隅／**2.**整片磚紅色的條頓城堡，可以想像過往的規模龐大

薑餅伴手禮名店

哥白尼薑餅店
Kopernik Toruńskie Pierniki

哥白尼薑餅店創始於1763年，是托倫最有名的薑餅伴手禮專賣店，在托倫舊城市區共有5家分店，每一家的位置都非常好找。像是這家位於市政廳旁的分店，位置相當醒目，另外，薑餅博物館附近也有一家哥白尼薑餅店。

哥白尼薑餅店的薑餅造型五花八門，有圓形、愛心造型、小餅乾造型等，口味也有許多種類的選擇，包括傳統原味、巧克力、果醬系列，價格相當實惠。若需要體面的包裝，也有薑餅禮盒系列可供挑選，送禮自用兩相宜。另外，店裡亦有販售裝飾用造型薑餅，不過這種薑餅不能拿來吃，硬到咬不動！

✉ Rynek Staromiejski 6, Toruń 🕐 週一～五09:00～20:00，週六～日10:00～20:00 ➡ 市政廳旁走路約2分鐘 🔗 www.kopernik.com.pl 🗺 P.182

體驗親手製作薑餅的樂趣

薑餅博物館
Żywe Muzeum Piernika

托倫在歷史上是漢薩同盟貿易的其中一個重要的城市，許多從中東、亞洲來的香料，都會經過托倫再運送至歐洲其他城市。因此托倫當地人開始運用這些香料，包括肉桂、荳蔻、生薑、丁香、黑胡椒等，加上蜂蜜與麵粉做成薑餅；如今，托倫已經成為薑餅的故鄉，每一位波蘭人到托倫，絕對會買薑餅作為紀念品或伴手禮。

為了讓更多人了解薑餅的由來、歷史，以及製作方法，這座薑餅博物館特別將烘焙教室布置成16世紀風格。先由導覽人員以互動的方式，講述薑餅的由來與製作過程，並親自示範將薑餅材料拌在一起，做成薑餅麵團。接下來遊客會被引導分組，到手作烘焙桌動工製作專屬於自己的薑餅，並帶回家作紀念。整個課程完成後，每位遊客都可以獲得1張薑餅學院結業證書。

1.薑餅博物館的解說員，穿著古代的裝扮／2.裝飾用的薑餅，可以請店員用糖霜寫字，帶回家作紀念／3.各式各樣的薑餅模具

另外，薑餅博物館還有展示過去製作薑餅的器具、模型等，遊客可以在這裡買到各種不同口味的薑餅，也可以選購薑餅博物館精心製作的裝飾用薑餅，還能用糖霜客製化寫上名字喔！

⊠Rabiańska 9, 87-100 Toruń ☎+48 56 663 66 17 ◎英文導覽13:00，波蘭文導覽10:00～17:00，每小時1場 ⑤全票17PLN，優待票12PLN ➡舊城廣場步行約5分鐘 ⏳約1～1.5小時 ⏲muzeumpiernika.pl ⌖P.182

好玩 PLUS

裝飾薑餅

在薑餅博物館親手製作的薑餅，以及可以用糖霜客製化的薑餅，都是屬於裝飾用薑餅，不能吃，而且整塊餅非常堅硬，就算丟在行李箱也不怕被壓壞。如果要買可以當作伴手禮送人的薑餅，記得要買有包裝、可選擇不同口味的零食薑餅。

托倫美食樂

舊城區
POD ARKADAMI

這家波蘭傳統食堂「牛奶吧」POD ARKADAMI餐廳，內部裝潢明亮乾淨，員工親切，餐點實惠好吃，很有波蘭家常菜的味道，是來到托倫想吃平價美食的好選擇，網路上對POD ARKADAMI也有許多好評。

馬鈴薯在波蘭飲食中占了舉足輕重的角色，因此牛奶吧的馬鈴薯料理通常不會讓人失望，又有多樣化口味，值得一試。不過因為POD

1.POD ARKADAMI的餐點分量相當足夠，價格又實惠／2.點餐櫃檯，Menu都是波蘭文，對外國觀光客比較不方便

ARKADAMI提供的菜單都是波蘭文，而且沒有圖片可以參考，建議先用手機將菜單翻譯成中文，或是請店員推薦也是可以嘗試的作法。

✉Różana 1, 87-100 Toruń ☎+48 56 622 24 28 ⏰週一～五09:00～19:00，週六～日10:00～16:00 💲$，每餐20PLN 🌐gtss.com.pl/pod-arkadami 🗺P.182

舊城區
pasta&basta

在托倫也可以試試義式料理！位於市政廳旁的pasta&basta，露天座位區正對著市政

1.可口的義大利麵與比薩／2.位於托倫舊城廣場旁的pasta&basta入口處

廳，景色相當宜人，而且餐點價位合理，不論一個人來用餐，或是想點雙人套餐、朋友聚會等，都可以找到最適合的套餐選擇。即使是旅遊逛累了想歇歇腿，pasta&basta也是不錯的好去處。

相當推薦pasta&basta的迷你Pizza，可以同時搭配不同口味，若想一次嘗試多種口味，迷你Pizza能滿足想嘗鮮的味蕾。

✉Rynek Staromiejski 10, 87-100 Toruń ☎+48 56 652 00 44 ⏰週一～四09:00～23:00，週五～六08:00～00:00，週日08:00～23:00；冬季自上午11:00起營業 💲$～$$$，主餐20PLN起 🌐pastaandbasta.eu 🗺P.182

托倫
住宿趣

1.1樓大廳給人很溫馨的感覺／
2.位於薑餅博物館旁的克扎那羅薩飯店

克扎那羅薩飯店

Hotel Czarna Róża

克扎那羅薩飯店位在舊城區薑餅博物館旁邊，不論是要去托倫主要的購物區或觀光景點，只要步行就能到達，相當方便。

整個飯店共有23間不同特色的客房，有典雅、現代、時髦、簡約等不同風格，也有特別針對家庭旅遊、新婚夫妻蜜月等不同的房型。所有房間都配有無線網路、電視等基本設備，員工對待顧客親切友善，讓旅客感到賓至如歸。但因為建築本身的限制，克扎那羅薩飯店沒有冷氣與電梯，若是帶著比較大件的行李，就要自行扛著行李上下樓。

📧Rabiańska 11, 87-100 Toruń 📞+48 56 621 96 37 💲$$～$$$，雙人房370PLN ➡️從市政廳步行約7分鐘 📶hotelczarnaroza.pl/en 🗺️P.182

尼古拉斯飯店

Hotel Nicolaus

走精品酒店路線的尼古拉斯飯店，在托倫當地是相當知名的飯店，位置就在市政廳旁邊的一間公寓住宅內，整個飯店設計將現代的摩登感巧妙融入古宅的紅磚中，帶給旅客細膩的驚喜感。

除了房間令人舒適放鬆，飯店的大廳、餐廳與夏季露台與夏季花園也別具特色，天氣好時在露台點杯飲料，欣賞整個托倫美景，是非常享受的事。

📧Ducha Świętego 14-16, 87-100 Toruń 📞+48 56 470 89 89 💲$$$$，雙人房370PLN ➡️從市政廳步行約3分鐘 📶www.nicolaus.com.pl/en 🗺️P.182

托倫美居

Mercure Toruń Centrum

位於托倫舊城區外圍的托倫美居飯店，地理位置相當方便，從托倫火車站搭公車即可到飯店門口，若要參觀舊城區的景點，從飯店步行至舊城區也只要10分鐘的路程。

托倫美居的房間，空間偏小巧

房間內設施一應俱全，110 間客房皆提供免費無線上網、迷你吧檯、咖啡機或泡茶機，以及免費瓶裝水等設施，早餐選擇也相當多樣化。

📧Józefa Ignacego Kraszewskiego 1/3, 87-100 Toruń 📞+48 56 619 65 50 💲$～$$$，雙人房160PLN ➡️從托倫火車站搭乘15、22、27號巴士或2號電車 📶www.accorhotels.com/pl/hotel-3421-hotel-mercure-torun-centrum/index.shtml 🗺️P.182

城市漫遊　　　　　　　P.199
波茲南交通資訊　　　　P.202
舊城區　　　　　　　　P.203
波茲南美食樂　　　　　P.210
波茲南住宿趣　　　　　P.211

波茲南

波茲南
Poznań

這個台灣人不熟悉的波蘭城市，是波蘭王國的第一個首都，也是波蘭最古老的城市之一。圍繞著市政廳的舊城廣場四周，盡是色彩繽紛的建築，別具特色。每到正午 12 點，市政廳鐘樓塔上會有兩隻象徵波茲南的山羊，隨著鐘聲擺動，相當可愛。

在歷史上，波茲南對於波蘭勞工權益具有深遠的影響，波茲南是波蘭境內第一個在共產時期反共示威的城市，更為東歐民主化原點的象徵；如今波茲南搖身成為波蘭的貿易、工業、教育重鎮，漫步在此舒適怡人。

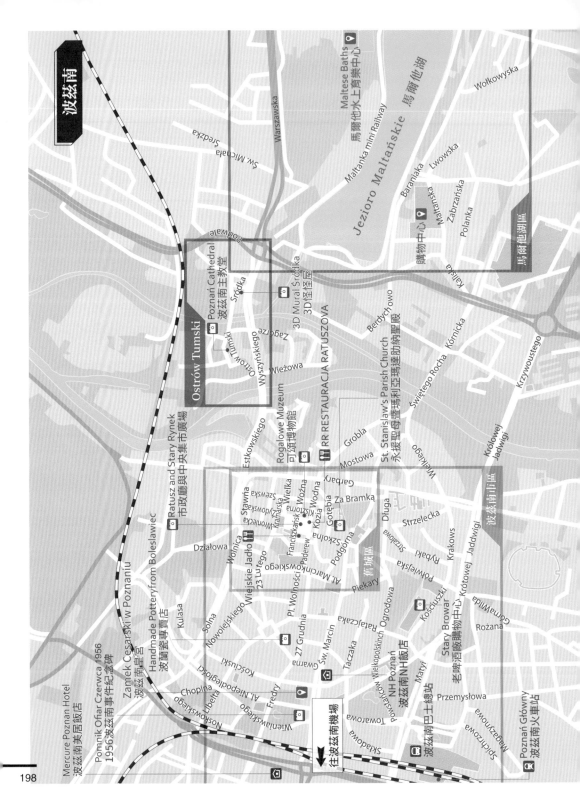

波茲南

Maltese Baths 馬爾他水上育樂中心

Maltanka mini Railway 馬爾他湖

Jezioro Maltańskie 馬爾他湖

購物中心 馬爾他湖區

Wołkowyska

Lwowska

Baraniaka

Maltańska

Zabrzańska

Polanka

Kaliska

Warszawska

Św. Michała Średzka

Podwale

Poznań Cathedral 波茲南主教堂

Ostrów Tumski

Śródka

3D Mural Śródka 3D怪怪屋

Zagórze

Ostrów Tumski

Wyszyńskiego

Wieżowa

Berdychowo

St. Stanislaw's Parish Church 永援聖母暨瑪利亞瑪達肋納聖殿

Świętego Rocha

Kórnicka

Krzywoustego

Rogalowe Muzeum 可頌博物館

Estkowskiego

RR RESTAURACJA RATUSZOVA

Grobla

Mostowa

Wielkiego

Ratusz and Stary Rynek 市政廳與舊中央集市廣場

Handmade Potteryfrom Boleslawiec 波蘭瓷專賣店

Zamek Cesarski w Poznaniu 波茲南皇宮

Pomnik Ofiar Czerwca 1956 1956波茲南事件紀念碑

Mercure Poznan Hotel 波茲南美居飯店

Wolnica

Działowa

Stawna

Kramarska

Wroniecka

Szewska

Wielka

Woźna

Wodna

Garbary

Za Bramką

Kozia

Gołębia

Szkolna

Podgórna

Piekary

Długa

Strzelecka

Strażowa

Półwiejska

Rybaki

Krakows

Jaddwigi

Królowej Jadwigi

舊城區

波茲南市區

Franciszkańsk

Paderew

23 Lutego

Pl. Wolności

Al. Marcinkowskiego

Kościuszki

Rataiczaka

Wielkopolskich

Ogrodowa

Stary Browar 老啤酒廠購物中心

Kościuszki

Rożana

Wiejskie Jadło 鄉村傳統餐廳

Nowowiejskiego

Solna

Kulasa

27 Grudnia

Św. Marcin

Gwarna

Taczaka

Matyi

NH Poznań 波茲南NH飯店

Przemysłowa

Górna Wilda

Al. Niepodległości

Noskowskiego

Libelta

Chopina

Fredry

Wieniawskiego

往波茲南機場

Powstańców Wielkopolskich

Towarowa

Składowa

波茲南巴士總站

Spichrzowa

Magazynowa

Poznań Główny 波茲南火車站

城市漫遊

波蘭建國之都
貿易、工業、教育重鎮

於波蘭中西部、臨著瓦爾塔河沿岸的波茲南，是一座具有深厚歷史底蘊的城市。在波蘭歷史上，第一位君主梅什科一世在波茲南建立了波蘭王國的第一個首都，讓波茲南成為波蘭最古老的城市之一。如今，即使首都已經移往東部的華沙，波茲南仍舊是一個無可取代的波蘭貿易、工業與教育重鎮，是波蘭第五大城市。

回顧歷史，波茲南因為地理位置的關係，曾二度為德國(普魯士)的領土。第一次在1793年，波蘭遭列強瓜分之後被併入普魯士，直到1918年底才回歸祖國波蘭的懷抱；不過好景不常，到了第二次世界大戰時，波茲南又再度被納粹德國占領，暫時成為納粹德國的領土，並因此受到戰爭嚴重的破壞。直到二戰之後才又重新成為波蘭的領土，並重建成現在的模樣。

波茲南對於波蘭的勞工權益也有深遠的影響。1956年，波茲南發生了大規模罷工抗議活動，要求改善工作條件，同時也表達對於蘇聯共產政權控制的不滿。這次的事件讓波茲南

很有中古歐洲風情的中央集市廣場

1　2　3

成為波蘭境內第一個反共示威的城市，更是東歐民主化原點的象徵。

　　如今，波茲南是一個充滿活力，又具備濃厚文化生活氣息的城市。除了舊城區有充滿文藝復興風格的市政廳鐘樓，距離舊城區約1.6公里處，還有座湖面廣大、周圍景色優美的馬爾他人工湖，提供波茲南市民休憩的好地方。城市東側還有波茲南最古老的區域——Ostrów Tumski，波茲南大教堂就位於此處。如果喜歡逛街購物，絕對不能錯過由舊啤酒廠改建的購物中心，特殊的設計讓這座商場獲選為

歐洲最佳購物中心。另外，提到波茲南不可不知的是，這裡是波蘭可頌麵包的發源地，風味與法國的可頌截然不同，很值得一試。

遊覽重點

　　波茲南舊城區與市區距離不遠，景點也很集中，兩天一夜的時間相當適合波茲南旅行。來到這裡，首先一定要來參觀舊城廣場上最具代表的市政廳，如果幸運在中午12點抵達，能看到市政廳鐘樓塔上，會出現象徵

波茲南
精選
經典路線

波茲南舊市政廳
(50分鐘)

步行約
1分鐘

可頌博物館
(60分鐘)

步行5分鐘至 Małe Garbary 電車站，搭乘 4、8、16、17 號電車於 Katedra 站下車

步行約
4分鐘

波茲南的兩隻山羊，隨著鐘聲擺動。廣場四周被色彩繽紛的彩色建築所包圍，非常別具特色。

另外，波茲南有兩座具有歷史意義的教堂，都相當值得前往參觀。一間是在舊城區內的永援聖母暨瑪利亞瑪達肋納聖殿，為波蘭境內最壯觀的巴洛克式建築之一，另一間則是位在波茲南東方的波茲南主教堂。

波茲南也是很棒的漫步之都，距離舊城區不遠的人造湖馬爾他湖，是歐洲夏季舉辦水上運動的知名地點，每年都吸引許多國內外遊客造訪，四周的景色湖光明媚，在沒有舉辦水上活動時，常見到居民在河堤上慢跑、騎單車。還有，別錯過波茲南市區知名的老啤酒廠商場，這棟華麗建築的中心，是19世紀的釀酒廠，經過整修後，現在用嶄新的面目呈現。

1.波茲南的地標代表──市政廳／**2.**坐落在舊城區4個角落的噴泉／**3.**很有中古歐洲風情的中央集市廣場／**4.**到處都可以看到山羊的標示／**5.**永援聖母暨瑪利亞瑪達肋納聖殿教堂內部／**6.**可頌麵包的發源地是波茲南／**7.**廣大的人工湖馬爾他湖

波茲南主教堂
(50分鐘)

步行約1分鐘

馬爾他湖
(60分鐘)

步行約2分鐘

老啤酒廠購物中心
(1.5小時)

步行4分鐘至 Katedra 站，搭乘4、16、17號電車於 Baraniaka 站下車

步行6分鐘至 Rondo Śródka 站，搭乘6號電車於 Półwiejska 站下車

波茲南交通資訊

如何到波茲南

1.飛機

華沙至波茲南每天有數班國內線班機，以波蘭航空(LOT)為大宗。

http LOT：www.lot.com/pl/en

2.火車

從波蘭各城市都有到波茲南的火車，可搭乘波蘭國家鐵路(PKP)，建議事先上網預訂，並將電子票券列印出來，方便在火車上驗票。

2.巴士

歐洲有許多長途巴士可以選擇，而且票價通常相當便宜，推薦波蘭巴士Polski Bus與歐洲長途巴士FlixBus。(關於火車、巴士交通更詳細的介紹，請見P.214、215)

客運是城市之間移動的主要交通工具之一，圖為FlixBus

波茲南市區交通

波茲南的市區交通，主要以電車與公車為主，每日營運時間是04:00～23:00，深夜後有專門的夜間巴士，購票與打票方式和首都華沙相同。波茲南的景點很集中，主要在舊城區、Ostrów Tumski、馬爾他湖3處，通常搭乘站數不會太多。

波茲南的大眾交通系統同樣由ZTM經營，不論搭電車、公車或夜間巴士，都只要買同一種票即可，主要是搭乘時間的不同而區分不同票價。買票方式與首都華沙相同。(關於波蘭市區交通更詳細的介紹，請見P.215)

票種	價格
10分鐘票	3PLN
40分鐘票	4.6PLN
24小時票	13.6PLN
72小時票	21PLN
7天票	47PLN

波茲南的景點比較分散，需要搭乘市區電車移動

舊城區
Stare Miasto

　　身為波蘭史上第一個首都的波茲南，如今已以新面貌示人，搖身成為波蘭貿易、工業、教育重鎮，走在街上都能感受這裡是一座非常有活力的城市。來到波茲南，千萬不能錯過舊城區帶著文藝復興風格的市政廳鐘樓、舊城廣場四周色彩繽紛的彩色建築、波蘭最壯麗的巴洛克式建築永援聖母暨瑪利亞瑪達肋納聖殿，以及波蘭境內第一座基督教堂波茲南主教堂，都相當歡迎旅人的探訪。

　　如果想悠閒享受波茲南的風光，可以搭一小段公車到舊城區東邊的馬爾他湖，與當地居民一起在湖畔悠閒的散步、慢跑，欣賞絕美的湖色風光。

市政廳與中央集市廣場

Ratusz and Stary Rynek

波茲南市政廳位於市中心的舊市集廣場，其最早的歷史可以追溯至1310年，而哥德式的建築體則是到了16世紀才完成，由義大利建築師將文藝復興風格建築揉入原有的市政廳。因此，波茲南市政廳可以說是中歐最具有代表性的文藝復興時期建築古蹟之一。

不過，市政廳也歷經過好幾次天災而重建，到了二次世界大戰，更是遭嚴重損毀，兩層樓遭燒毀，樓塔也整個倒塌。直到戰後波蘭政府歷經一段時間的重建，至1954年才完成重建作業，到了1994年，波蘭政府重新對市政廳進行全面翻新的工作。

目前市政廳內是波茲南歷史博物館，除了館內的館藏外，天花板繪有繁複裝飾天頂畫的文藝復興式大廳非常值得一看。另外，市政廳最有名的就屬東側牆上的人偶時鐘，每天正午12點，會有兩隻山羊從小樹窗現身，互撞12下羊角，非常可愛，而山羊正是波茲南的象徵。

除了市政廳，整個波茲南舊城廣場也很有看頭，在市政廳旁一排相當醒目的彩色屋是以前的商人之家，用來做生意之用，另外，

1.市政廳現在成為博物館，裡面的山羊擺飾相當可愛／**2.**文藝復興式大廳的天花板有繁複的天頂畫／**3.**波茲南市政廳是中歐最具有代表性的文藝復興時期建築古蹟之一

舊城周圍也有許多五顏六色的美麗建築，每一棟都別具特色，配上牆壁上獨一無二的圖騰，相當吸睛，現在多為特色咖啡廳與酒吧。

✉ Stary Rynek 1, 60-101 Poznań ☎ +48 61 856 81 93 🕒 6月16日～9月15日週二～四11:00～17:00，週五12:00～21:00，週六～日11:00～18:00；9月16日至隔年6月15日週二～四09:00～15:00，週五12:00～21:00，週六～日11:00～18:00，週一休館，週六免費 💲 全票7PLN，優待票5PLN ➡ 搭乘電車至舊城廣場 http www.mnp.art.pl MAP P.198

|Extra 小百科|

波茲南的象徵——山羊

到波茲南常常可以見到山羊的飾品，在這裡，山羊已經成為象徵，不論是時鐘塔裡的山羊，或是店家販售的小飾品，都可以見到波茲南山羊的身影。

美麗的羅馬天主教宗座聖殿

永援聖母暨瑪利亞瑪達肋納聖殿

St. Stanislaw's Parish Church

永援聖母暨瑪利亞瑪達肋納聖殿，是一座外觀為粉白相間的羅馬天主教宗座聖殿，可說是波蘭最壯觀的巴洛克式建築之一。若有時間，很建議到教堂內參觀，整個聖殿高度超過27公尺，天花板有華美的畫作與雕飾，配上四周壯觀的紅色系人造大理石柱，整個聖殿的氣氛華麗而莊重。

1.外觀為粉紅與白色的永援聖母暨瑪利亞瑪達肋納聖殿／2.紅色人造大理石柱，讓殿堂多了一份柔和的氣息

　　二戰爆發後，永援聖母暨瑪利亞瑪達肋納聖殿被當作倉庫使用，加上二戰尾聲時教堂遭戰火襲擊，使得教堂內外部都遭受嚴重毀損，直到戰後進行重建工程，才得以恢復聖殿華美的建築外觀與內部。

✉ Klasztorna 11, 61-779 Poznań ☎ +48 61 852 69 50 🕐 06:00～19:30，彌撒時不能參觀 💲 免費進場，導覽需要收費 ➡ 舊城區步行約5分鐘 http www.fara.archpoznan.pl MAP P.198

紀念波蘭追求民主化的過程

1956年波茲南事件紀念碑

Pomnik Ofiar Czerwca 1956

　　1956年6月，波蘭人為了表達對蘇聯共產政權的不滿，並希望當局改善工人不佳的工作條件，波茲南發生了大規模罷工抗議活動，成為波蘭境內第一個反共示威的城市，但也因此付出流血與性命的代價。

　　直到1980年的反共罷工之後，波茲南團結運動組織決定在波茲南興建一座紀念碑，來紀念24年前為了爭取勞工自由與權利，而發生的罷工抗爭事件。

✉ Święty Marcin, 60-101 Poznań ➡ 波茲南火車站步行約10分鐘 MAP P.198

紀念碑提醒波蘭人不能忘記先人的犧牲

1.波蘭不少君王長眠於此／2.波茲南主教堂是波蘭第一座基督教堂／3.保有文藝復興風格的教堂內部

波茲南的第一座基督教堂

波茲南主教堂
Poznań Cathedral

位於舊城廣場東邊約1公里的Ostrów Tumski，因為地形易守難攻，被選為波茲南最早開發的地區。10世紀在此興建的波茲南主教堂，則是波蘭第一座基督教堂，不少波蘭早期的君王都長眠於此，最有名的就屬梅什科一世與他的兒子波列斯瓦夫一世，這兩位君王正是波蘭10元與20元紙鈔上的人物。

不過，波茲南主教堂一千多年來歷經自然災害與戰爭的摧殘，現在我們看到的是戰後幾經重建的樣貌，回復14～15世紀的哥德式外觀，內部保留文藝復興風格。

✉Ostrów Tumski 17, 61-120 Poznań ☎+48 61 852 96 42 ⏰10:00～18:00 💲大教堂免費入內，地下墓穴3.5PLN ➡搭乘電車4、8、17號在Katedra站下車 http www.katedra.archpoznan.pl MAP P.198

有趣的錯視塗鴉

3D怪怪屋
3D Mural Śródka

3D怪怪屋就位於Śródka街角處，非常容易找到，這裡曾於2016年被票選為波蘭7大新奇景點之一。可別被「怪怪屋」這個名字給騙了，並不是房子建築奇特，而是該建築物外牆的塗鴉，讓人有一種房子層層堆疊的錯視感，在塗鴉中又藏有真正的窗戶，帶給視覺上相當大的新奇感。

引發錯視的怪怪屋

✉ul. Śródka, Poznań ➡搭乘電車4、8、16、17號在Rondo Śródka站下車 MAP P.198

1.接待處可愛的店員／2.可頌麵包即將完成／3.波茲南可頌博物館大門／4.課程結束後每個人都會收到1張證書

享受手製麵包的樂趣

可頌博物館
Rogalowe Museum

　　波茲南最有名的食物可以說非可頌麵包莫屬。每年11月11日是波蘭獨立紀念日，也是波茲南的可頌日，這一天整個波茲南的麵包店可以賣出超過250噸的可頌麵包，相當於全年銷量的50%。另外，最出名的可頌麵包是聖馬丁可頌麵包，在波茲南只有專業麵包師父才能製作，根據法律規定，聖馬丁可頌麵包的重量至少要在250公克以上。

　　波茲南的可頌麵包和法式可頌不論在作法

或口感上，都是截然不同的。法式可頌層次分明，口感鬆軟、奶油香氣十足，造型偏向彎月；波茲南可頌則是充滿杏仁香氣，口感紮實，更像馬蹄形狀，這個造型還有申請專利呢！內餡常見白罌粟籽餡，外層灑滿糖霜，大口一咬好不過癮。

　　為了讓更多人知道波茲南可頌的歷史與製作方式，可頌博物館開放英文與波蘭文導覽，讓遊客透過影片、現場問答、互動式可頌麵包手作教學，對波茲南可頌麵包能有更深一層的認識。

　　來到可頌博物館，工作人員會請遊客戴上大廚帽與圍裙，讓人馬上融入製作麵包的歡樂情緒。過程中，導覽人員會隨機邀請遊客上台，大顯身手跟著製作可頌麵包，等到課程全部完成後，工作人員還會頒發給現場遊客一人一份「結業證書」喔！

✉ Stary Rynek 41, Poznań 📞 +48 69 077 78 00 🕐 英文導覽：週六、日13:45，7～9月加場，可上官網查詢。波蘭文導覽：每日11:10、12:30、15:00。需在導覽時段前10分鐘至博物館等待 💲 英文導覽全票24PLN、優待票20PLN，波蘭文導覽全票18PLN、優待票16PLN ➡ 舊城廣場步行約5分鐘 http rogalowemuzeum.pl/en MAP P.198

老啤酒廠購物中心

Stary Browar

由老啤酒廠改建的Stary Browar購物中心，特殊的建築與整體設計，讓這裡被票選為歐洲最棒購物中心。來到這裡，別忘了上頂樓欣賞大型圓環長廊設計。

Stary Browar於1876年被一位在波蘭做啤酒生意的德國啤酒商買下，隨著啤酒生意蒸蒸日上；到了1918年，這家啤酒廠每年的總生產量可達7,000萬公升之多。不過二戰時Stary Browar遭逢嚴重損壞，直到二戰之後，才由荷蘭人接手，持續啤酒生產的業務，也可說是波茲南重要的釀酒中心。

但由於啤酒生產過程會造成環境汙染，1980年Stary Browar被迫關閉不再營運，建築也跟著荒廢，直到2002年才重新被改建為購物中心，隔年正式開幕。因為建築本身非常具有代表與特殊性，加上改建的室內空間保留了啤酒廠的原貌，又多了現代化的設計，並集結商店、休閒和藝術為一體的中心，讓Stary Browar很快贏得最佳購物中心的稱號。

老啤酒廠現在擁有飯店、電影院、餐廳、咖啡廳、酒吧以及200多家商店，除了商場之外，許多文化活動也會選在這裡舉辦，讓老啤酒廠成為波茲南城市的主要標誌之一。

✉ Półwiejska 42, 61-888 Poznań ☎ +48 61 859 60 50
🕐 週一～六09:00～21:00，週日10:00～20:00 ➡ 波茲南火車站步行約10分鐘 http www.starybrowar5050.com/en MAP P.198

1.由老啤酒廠改建，造型很特別／**2.**商場內的設計也令人驚豔／**3.**啤酒廠樓頂是不可錯過的拍照之處

超人氣的人工湖

馬爾他湖
Jezioro Maltańskie

馬爾他湖是波茲南市區東邊的一個人工湖泊，長2.2公里，平均深度3.1米，夏季期間，許多歐洲賽船、游泳等水上運動會選在馬爾他湖舉辦。如果沒有賽事，也很適合父母帶著小孩到此大玩水上樂園，7月還有為期一週的馬爾他節；進入冬天之後，馬爾他湖還能作為溜冰場與滑雪場，因此每年都吸引無數國內外遊客造訪。

除了湖泊本身頗具看頭，這個區域是很棒的市民休憩場所，常見到民眾在河堤邊慢跑、騎單車、散步，看著四周風光明媚的景致，讓走在湖畔邊成為一件很享受的活動。

另外，在馬爾他湖的北岸，有一個全年對外營業的游泳池、水上樂園、滑水道、桑拿浴、SPA娛樂中心Termy Maltańskie，也很受

1.馬爾他湖提供波茲南市民休閒的好去處／**2.**春夏季時，湖畔邊會有美麗的繁花盛開

到波茲南市民的歡迎。

⊠ul Jana Pawła II, Poznań ➡搭乘4、16、17號電車，在Baraniaka站下車後步行5分鐘 ᴹᴬᴾP.198

挖掘精巧波蘭瓷器的好去處

波蘭瓷專賣店
Handmade Pottery from Boleslawiec

如果想要買製作精美的波蘭瓷，不妨到這家店來挖寶。Handmade Pottery店裡品項選擇眾多，不論想要可愛小巧的波蘭瓷擺飾、可以作為紀念的波蘭瓷馬克杯，或是實用的餐盤組，在這家店都能一次購足，價格實惠，消費至一定金額還能享退稅優惠。

1.位於波茲南舊城區附近的波蘭瓷專賣店／**2.**做工精美、花紋別具巧思的波蘭瓷器

⊠ul. Mielżyńskiego 16/3, 61-725 Poznań ☎+48 61 284 17 04 ◷週一～五10:00～18:00，週六10:00～15:00 ➡搭乘電車4、8、13、17，在Pl. Ratajskiego站下車 ᴴᵀᵀᴾwww.handmade-house.com ᴹᴬᴾP.198

波茲南美食樂

1. 地窖風格的用餐環境／**2.** 精緻的波蘭料理

舊城區
RR RESTAURACJA RATUSZOVA

戶外座位與地下室地窖氛圍別有洞天的RR RESTAURACJA RATUSZOVA，是位於波茲南舊城區的一家知名波蘭與歐陸料理餐廳。獲得海內外多項優秀餐廳推薦獎，服務周到，料理精美，包括經典波蘭料理蘋果鴨、牛排、自製麵條等都是人氣菜色，廣受顧客喜愛。

RR RESTAURACJA RATUSZOVA也會大膽在波蘭傳統料理上，以創新烹調方式讓餐點風味更富層次，帶給顧客特別的味覺饗宴。

2

✉StaryRynek 55, Poznań ☎+48 61 851 05 13
🕐12:00～23:00 💲\$\$～\$\$\$\$，主餐40PLN起 http
ratuszova.pl 🗺P.198

舊城區
Wiejskie Jadło

如果你喜歡波蘭當地美食，Wiejskie Jadło不會讓人失望。Wiejskie Jadło是一家傳統波蘭料理的餐廳，整體用餐環境營造得相當溫馨又充滿傳統波蘭風格，不論波蘭酸湯、烤豬腳、紅莓鴨餐、炸豬排、馬鈴薯料理等都令人食指大動，而且價格相當實

1. 用麵包裝的波蘭酸湯／**2.**Wiejskie Jadło餐廳內部

惠，不用花大錢就能享受波蘭傳統美食。

✉Stary Rynek 77, 61-772 Poznań ☎+48 61 853 66 00 🕐週日～四12:00～22:00，週五～六12:00～23:00 💲\$\$～\$\$\$，主餐30PLN起 http wiejskie-jadlo.pl/?w=polski 🗺P.198

波茲南NH飯店

NH Poznań

　　波茲南NH飯店地理位置很便利，不論要去波茲南中央火車站或是舊城區都相當方便。附近有多家便利商店，晚上回旅館前想買點消夜也不是問題，因此NH常被旅客視為來波茲南旅遊的住宿首選之一。

　　飯店客房共有93間，房間空間寬敞、明亮乾淨，包括WiFi、液晶電視、迷你吧、保險箱、沐浴備品和吹風機等設備一應俱全。

✉ Ul. Swiety Marcin 67, 61-806 Poznań 📞 +48 61 624 88 00 💲 $$～$$$$，雙人房235PLN起 ➡ 從波茲南火車站步行約15分鐘 http www.nh-hotels.com MAP P.198

1.飯店大廳／2.房間走暗色系質感路線／3.大廳的休息區

波茲南美居飯店

Mercure Poznań Centrum

　　雅高集團旗下的波茲南美居飯店，位於波茲南的商業區，坐落在波茲南國際博覽會會場旁，距離波茲南中央火車站只要步行5分鐘的路程。

　　美居飯店客房採用該飯店一貫的經典設計，房間主要以暖色調木質家具為主，並提供咖啡設施、辦公桌以及迷你吧等，豐富的自助早餐也很受旅客好評。

交通便利性高的波茲南美居飯店

✉ Roosevelta 20, 60-829 Poznań 📞 +48 61 855 80 00 💲 $$～$$$$，雙人房235PLN起 ➡ 從波茲南火車站步行約5分鐘 http www.accorhotels.com/pl/hotel-3393-hotel-mercure-poznan-centrum/index.shtml MAP P.198

簽證辦理	P.213
認識華沙蕭邦國際機場	P.213
波蘭境內交通	P.214
波蘭市區交通	P.215
實用APP	P.216
緊急救助	P.216
生活資訊	P.217
撥打電話與買SIM卡	P.218
貨幣與換匯	P.218
購物與退稅	P.219

暢遊波蘭小錦囊

遊客在行程上需要的所有資訊盡皆囊括其中,讓行程規畫得更為完整,確保旅遊平安與舒適。

簽證辦理

2008年波蘭加入申根國家，根據規定，台灣入境申根國家，只要在180天內停留不超過90天，就可以不用辦理簽證。更進一步來講，持有中華民國護照，可以在未持有簽證的情況下，通過國際航班的轉機區，或是旅遊至多個申根會員國後離境。

不過，以免簽證方式入境申根區時，海官通常可能要求提供一些文件，為了讓入境波蘭檢查時能更順暢，建議民眾先準備好以下資料：

1. 持有中華民國有效護照，入境時的有效期限須在半年以上，離境時，護照須仍具有3個月以上的效期。

2. 旅館訂房確認紀錄與付款證明、旅遊行程表。
3. 回程機票。
4. 足夠維持旅歐期間的財力證明，例如現金、信用卡等。
5. 旅遊保險證明。

|Extra 小百科|

波蘭臺北辦事處
　簽證相關問題，可洽波蘭臺北辦事處。
✉110台北市基隆路一段333號16樓1601室
☎(02)7729-9320 FAX:(02) 7718-3310
http poland.tw

認識華沙蕭邦國際機場

華沙蕭邦國際機場位於華沙市中心約西南方8公里處，是波蘭境內最大的機場，也是許多旅客第一次抵達波蘭的第一站，從市區到機場交通也非常便捷。

蕭邦機場內部不太複雜，也沒有分成多個航廈，指示相當清楚，只要跟著標示走，很容易找到要去的目的地。

蕭邦國際機場有提供限時免費的WiFi，方便沒有4G行動上網的旅客，可以即時查詢航班的資訊。機場內還有許多餐廳、紀念品店，如果搭機前還需要採購一些禮品，這些機場店鋪也是選擇之一。

另外要注意的是，如果搭乘的班機在抵達波蘭前的一站，是屬於「歐盟免申根簽證待遇」的國家與地區，到波蘭後可以直接提領行李，不用過海關查護照；但如果是來自非這些國家，就需要排隊入境，可參考以下表格看看是否要檢查護照。

歐盟免申根簽證待遇適用國家與地區	
申根公約國	法國、德國、西班牙、葡萄牙、奧地利、荷蘭、比利時、盧森堡、丹麥、芬蘭、瑞典、斯洛伐克、斯洛維尼亞、波蘭、捷克、匈牙利、希臘、義大利、馬爾他、愛沙尼亞、拉脫維亞、立陶宛、冰島、挪威、瑞士、列支敦斯登
已簽署申根公約，等待完全生效	羅馬尼亞、保加利亞、賽普勒斯、克羅埃西亞
其他國家與地區	教廷、摩納哥、聖馬利諾、安道爾、丹麥格陵蘭島 (Greenland) 與法羅群島 (Faroe Islands)

華沙蕭邦國際機場的兒童遊樂區

波蘭境內交通

飛機

波蘭國土遼闊，如果要移動至比較遠的城市，搭乘飛機會比較省時，波蘭境內最多航班的是波蘭航空(LOT)。以國內線來說，首都華沙班次和航點最密集，其次是觀光大城克拉科夫，再來是格但斯克；另外，一天內華沙到克拉科夫的班次最多，如果想一次玩這兩個城市，建議搭飛機更省時。

http波蘭航空：www.lot.com/us/en

火車

由波蘭鐵路公司(PKP)營運路線，主要是城際列車公司(PKPIntercity)的長途火車，包括Express Intercity Premiun(EIP)、特急列車Express Intercity(EIC)、Intercity(IC)，以及急行列車Twoje Linie Kolejowe(TLK)，除了波蘭境內城市路線，也可以連接鄰近歐洲國家。

營運地區路線的則是Przewozy Regionalne公司，包括快速列車Inter Regio(IR)、普通列車Regio Express與Regio。

在波蘭不論要買哪一家鐵路公司的票，都可以在同一個購票口買票，但兩家公司之間的票不能互通。要注意的是，PKP Intercity公司旗下營運的列車多為全車指定席，務必要買票劃位，若車站時刻表上有標明「R」，代表是需要預約的列車，必須透過官網事先購票。

波蘭的火車和台灣進站方式不同，並不用

波蘭航空不同種類的國內線飛機

先通過票閘，只要上車後向車長出示車票即可。另外，火車有時會出現大幅誤點或是臨時出現月台變更，最好事先留意與確認，以免耽誤行程。

http 城際列車PKP Intercity：www.intercity.plPrzewozy Przewozy Regionalne：polregio.pl/pl

在波蘭城市間移動，搭火車是很棒的體驗方式

暢遊 Tips

務必列印出車票！

預購的車票一定要列印出紙本，並帶在身上，搭車的時候給車長驗票。只要沒有列印出來，不管是存在手機或是截圖都會被視為無效票。

巴士

波蘭各城市間用巴士移動很受到歡迎，一來是票價便宜，二來是巴士停靠的點比較多，對旅客來說在行程規畫上更有彈性。國內巴士主要以舊國營巴士Polski Bus為主，幾乎全國都有路線，如果需要比較大的座位或是附桌子的位子，可以額外加價升級。

另外，經營跨國路線的歐洲長途巴士Flix-Bus，也是在波蘭城市之間移動的巴士選擇。

巴士車票可以在每個城市的巴士總站購買，如果距離不是太遠，當巴士客滿時，亦可以向司機直接購買站票。

http Polski Bus：www.flixbus.com/polskibus
FlixBus：www.flixbus.com

波蘭市區交通

巴士與路面電車

波蘭市區交通主要分成路面電車與公車兩大類，營運時間通常從05:00～23:00。由於市區大眾交通工具主要都是ZTM經營，只要在時間內買同一種票都可以搭乘。

要注意的是，波蘭的大眾運輸票價是以時間計算，而非搭乘的遠近計價，乘客要在第一次搭乘時上車至打票機打票，否則會被視為逃票。

車票可在書報攤、車站售票機、車上售票機購買，需自備零錢或小額鈔票；如果是較舊的路面電車，車上未設有售票機，可向司機購票。

http ZTM：www.ztm.waw.pl

克拉科夫的電車

Uber與計程車

波蘭是對Uber營運友善的國家，加上車資合理，如果要在市區與機場往返，或是到比較路程比較遠的景點，Uber是不錯的選擇。計程車可以在車站或鬧區前的計程車招呼站等車。

實用APP

Jakdojade

來波蘭旅遊絕對不能不認識，或是不安裝這款APP！不論是大眾交通工具等待時間、轉車資訊，或是步行時間，Jakdojade都會幫你自動算好。只要輸入所在之處與目的地，Jakdojade就能馬上替你算出多條交通路線；在車站等車時，也可以利用Jakdojade確認公車與電車的進站時間，非常方便，一定要善加利用。

Jakdojade是到波蘭必備的交通APP

Jakdojade可以清楚算出交通工具等待時間與上下車地點

Bilkom

這是一款波蘭鐵路交通系統專用的APP，雖然不能直接在APP上購票，但是APP能秀出班次與所有行經的車站。

Bilkom圖樣

Booking.com

介面好用的國際訂房網APP，住宿價格與地點一目了然，若為使用常客，還可以獲得常客額外訂房優惠價。

Booking.com是很受歡迎的國際訂房系統

Hotels.com

也是一款好用的國際訂房網APP，近年來房源和Booking.com開始出現差異化，如果要找公寓式飯店，Hotels.com上面有許多不錯的選擇。

在Hotels.com訂房，可以享有訂10晚送1晚優惠

緊急救助

駐波蘭臺北代表處

✉30th Floor, Ul. Emilii Plater 53, 00-113 Warsaw, Poland

☎+48 22 213 00 60，緊急連絡電話：+48 668 027 574(專供緊急救助之用，非緊急事件請勿撥打)

🕐服務時間：週一～五(駐地)09:00～17:00
　領務受理時間：週一～四(駐地)09:00～13:00

🌐www.taiwanembassy.org/pl

當地緊急連絡單位

警察局：997(手機打112)
急救：999(手機打112)
消防局：998(手機打112)

金融機構

Visa全球緊急服務中心：1-303-967-1090
Master卡：0-0800-111-1211(波蘭)
JCB卡：+81-3-3865-5486 (須付費)
美國運通：886-2-2100-1266(須付費)

生活資訊

波蘭與台灣的時差

冬令時間波蘭比起台灣慢7小時，到了3～10月的夏令時間，則比台灣慢6小時。

每年夏令時間是從3月最後一個週日的凌晨2點，至10月3日最後一個週日的凌晨3點。

波蘭與台灣有6小時或7小時的時差

波蘭的電壓

波蘭的電壓是220V，插座多為C型兩孔式，與台灣的插座不相同，需要國際轉換接頭與變壓器。

建議攜帶的物品

1.備品自備

波蘭的旅館通常不會提供牙刷、牙膏與室內拖鞋，需要自己準備。如果是住在公寓式酒店，建議洗髮、潤髮、沐浴用品都自行準備較為保險。

2.防曬配備

波蘭人夏季不會撐傘遮陽，因此台灣人夏天到波蘭旅遊，除了擦防曬品，可選擇帽子、太陽眼鏡遮陽。

3.保濕必備

波蘭氣候乾燥，可隨身攜帶護手霜、護唇膏、簡單的滋潤乳液，在洗完手或是覺得皮膚乾時使用。

衣物準備

冬天到波蘭旅遊一定要帶足保暖衣物，如帽子、靴子、手套及圍巾等。由於。台灣屬於亞熱帶國家，很少會感受到如此寒冷的冬天，因此防寒衣物務必準備充足。夏季的波蘭白天氣溫也相當高，有時候可以到30度，但是日夜溫差大，早晚外出時宜攜帶外套。

飲水建議

波蘭的水龍頭無法生飲，必須購買瓶裝水，要注意gazowana是氣泡礦泉水，nie-gazowana是無碳酸的一般礦泉水。

撥打電話與買SIM卡

打電話

從台灣撥電話至波蘭：國際冠碼002+波蘭國碼48+波蘭區域號碼22+對方電話號碼12 34 56。

從波蘭打電話回台灣市話(以台北為例)：國際冠碼00+台灣國碼886+去除區域號碼0之後2+對方電話號碼1234-5678。

從波蘭打電話回台灣手機：國際冠碼00+台灣國碼886+去除區域號碼0之後+對方手機910-123-456。

買SIM卡

許多歐洲電信公司都有推出多國通用的SIM卡，有的可以撥打電話，有的只能上網使用，而且可以事先在台灣購買。

如果想到當地再買SIM卡也相當方便，而且價格比國際通用的便宜，通常購買SIM卡加上儲值，總共約30～40PLN可以搞定，記得挑選專門上網使用的方案。不過現在為了因應2016年之後的反恐措施，必須到電信公司門市，出示護照才能辦理購買程序。

波蘭電信公司PLAY的SIM卡

在波蘭，常見的電信公司有：Orange、Play、T-mobile、Plus、Heyah，可以向店員表示需要上網型的SIM卡，最重要的是注意使用天數，確認自己的旅行是否需要現場儲值(doładować)，增加使用天期，再請店家註冊與幫忙儲值。

卡片使用很便利，如同臺灣的SIM卡一樣，拆開包裝，拿出SIM卡，插入手機後開機，就會自動連接至該電信公司的網路。各家電信公司也都有推出專用APP，讓使用者能透過APP立即查詢使用狀況，包括餘額、使用期限、使用量等等。

貨幣與換匯

波蘭貨幣與信用卡

波蘭不使用歐元，而是用自己的貨幣波蘭茲羅提(złoty)，本書以PLN表示，1茲羅提對台幣匯價約8.2元。

茲羅提紙鈔分為10PLN、20PLN、50PLN、100PLN、200PLN、500PLN。硬幣分成1gr、2gr、5gr、10gr、20gr、50gr格羅希(grose)，以及1、2、5茲羅提。100gr等於1PLN。

在波蘭，使用信用卡是很普遍的事，多數餐廳、店家、商場、旅館等都可以使用信用卡支付。

換匯店Kantor

到波蘭旅遊，一定要認得「Kantor」這個單字，外國旅客主要換匯地點就是市區的Kantor匯兌商。每一家Kantor的匯價都不盡相同，甚至價差落差很大，如果在熱鬧觀光市區，建議多比較後再兌換。

每一家都會清楚寫出匯價

暢遊 Tips

換匯小撇步

新台幣在全球並非強勢貨幣，最好先在台灣換好美元或歐元，到當地使用這兩個全球最流通的貨幣換成茲羅提，才會是好的價位。

另外，在哪裡換匯也會影響匯率好壞，通常市區與車站附近的Kantor價位比較漂亮。以華沙為例，機場的匯價通常很差，只要換一點當作備用，大額的錢到市區再換即可。小仙仔看到價位最好的Kantor是在市中心Centrum車站的地下街通道。

購物與退稅

營業時間

波蘭的商店營業時間通常從上午10～11點開始營業，晚上7～8點打烊。超市營業時間通常比較長，從上午9點～晚上9點，有些簡易型超市或是路邊快速超市會營業至晚上11點或凌晨。

波蘭餐廳營業時間比較長，通常從上午11點就開始營業，一直到晚上11點或12點才會打烊，讓客人有充裕的時間享受晚餐。

小費

在波蘭用餐，帳單不會加入小費，可以在再多給予10%作為小費；如果是現金付款，可以等服務生找錢回來交給你之後，再將小費留在桌上。

飯店床頭小費可給3～5PLN。

如果是搭計程車，可以不收找零的零錢當小費。

退稅

波蘭增值稅分成三大部分：一般稅率23%、食品藥物8%、農產品工藝品5%，外國旅客只要經過申請，最多可退回16.5%稅金。

不過要特別注意，波蘭退稅最低金額為單一店家200PLN，一定要超過這個金額才能填單申請退稅，而且需在購買當月最後一天的3個月內，在商品未使用狀態下，至歐盟最後出境地海關蓋印，於購買日7個月內可申請退稅。

世界主題之旅

深度旅行

119 曼谷・象島
作者 / 傑菲亞娃

118 巴塞隆納自助超簡單
作者 / 老蝦

117 靜岡喔嗨唷！
作者 / Kayo

116 日本中部質感漫旅
作者 / Gloria

115 義大利南部深度之旅
作者 / 簡婉莉(莉莉安小貴婦)

114 印尼爪哇：
雅加達・萬隆・日惹・泗水
作者 / 陳怜朱(PJ大俠)

113 波蘭自助超簡單
作者 / 蜜拉・葉士愷

112 澳門自由行：7條路線懶人包
作者 / 梁詠怡

111 用鐵路周遊券輕鬆玩東日本
作者 / 摩那卡・瓦拉比

110 沙漠國家探索之旅：
摩洛哥・埃及・約旦
作者 / 陳慧娟

109 羅馬、梵蒂岡深度之旅
作者 / 潘錫鳳

108 日本中部深度之旅
作者 / 阿吉

107 Slow東京
作者 / 蔡欣妤

106 雲南旅行家
作者 / 甯育華

105 日本東北深度之旅
作者 / 三小a

103 旅戀日本岡山
作者 / 李思嫻

102 紐西蘭旅行家
作者 / 舞菇

101 用鐵路周遊券輕鬆玩西日本
作者 / 摩那卡・瓦拉比

100 香港自己的味道
作者 / Esther

099 義大利尋藝之旅
作者 / 蕭佳佳

098 德國旅行家
作者 / 林呈謙

097 溫哥華深度之旅
作者 / 海馬老爸

095 首爾旅行家
作者 / Helena(海蓮娜)

093 中國7城創意新玩法
作者 / 賴雅婷・王微瑄

092 東京OUT：橫濱・箱根・
鎌倉・江之島
作者 / 三小a

090 澳門食尚旅行地圖
作者 / 梁詠怡

089 倫敦旅行家
作者 / 林庭如

088 美國中西部驚嘆之旅
作者 / 許正雄・陳美娜

087 西班牙深度之旅：馬德里・
巴塞隆納・瓦倫西亞
作者 / 宋良音

084 Check in首爾
作者 / 權多賢

080 Check in東京
作者 / 林氏璧

077 Traveller's東京聖經
作者 / 許志忠

076 泰北清邁享受全攻略
作者 / 吳靜雯

075 聖地之旅：以色列・約旦・
黎巴嫩・敘利亞
作者 / 邱世崇

073 島力全開！泰High全攻略
作者 / 小王子(邱明憲)

067 真愛義大利
作者 / 吳靜雯

066 野性肯亞的華麗冒險
作者 / 黃嘉文・吳盈光

057 Traveller's曼谷泰享受
作者 / 吳靜雯

046 Traveller's波士頓
作者 / 周蔚倫

搭地鐵系列

104 搭地鐵玩遍大邱
作者 / Helena(海蓮娜)

094 搭地鐵玩遍紐約
作者 / 孫偉家

086 搭地鐵玩遍曼谷
作者 / 葉志輝

082 搭地鐵玩遍釜山
作者 / Helena(海蓮娜)

079 搭地鐵玩遍首爾
作者 / 索尼客

070 搭地鐵玩遍倫敦
作者 / 李思瑩・英倫懶骨頭

069 搭地鐵玩遍新加坡
作者 / 但敏

062 搭地鐵玩遍香港
作者 / 三木

061 搭地鐵玩遍北京
作者 / 黃靜宜

059 搭地鐵玩遍東京
作者 / 孫偉家

053 搭地鐵玩遍上海
作者 / 葉志輝

夢起飛系列

505 紐西蘭自助旅行
作者 / 林伯丞

504 騎在天使安排的道路上
作者 / 張永威

503 用馬拉松旅行世界
作者 / 劉憶萱(江湖一品萱)

502 英國開車玩一圈
作者 / Burger Bus英式漢堡
店小夫妻Edison & SaSa

501 走！到法國學廚藝
作者 / 安東尼

Day by Day系列

602 下飛機Day by Day，
愛上京・阪・神・奈
作者 / 飄兒

601 下飛機Day by Day，
愛上舊金山
作者 / 李朵拉

打工度假系列

So Easy 095
開始到日本打工度假
作者 / 高函郁

So Easy 093
開始到英國打工度假・留學
作者 / 陳銘凱

So Easy 088
開始到美國打工度假
作者 / 高函郁

So Easy 084
開始到加拿大打工度假
作者 / 陳玉琳

So Easy 038
開始到紐西蘭打工度假
作者 / 蔡弦峰

世界主題 096
澳洲打工度假，
送給自己勇氣的一年
作者 / Lewis・Vivi

世界主題 091
澳洲打工度假：墨爾本・布里
斯本・雪梨三大城市邊玩邊賺
作者 / 黃奧登・艾芙莉

世界主題 081
澳洲打工度假一起Cooking!!
作者 / Soda・Terry

世界主題 065
澳洲打工度假聖經
作者 / 陳銘凱

So Easy 自助旅行書系

亞洲地區

310 **開始在緬甸自助旅行**
作者／詹依潔

305 **開始在澳門自助旅行**
作者／凱恩(Kahn)

304 **開始在馬來西亞自助旅行**
作者／黃偉雯(瑪杜莎)

303 **開始在日本自助旅行**
作者／牛奶杰

100 **開始在關西自助旅行**
作者／King Chen

098 **開始在土耳其自助旅行**
作者／吳靜雯

094 **開始在沖繩自助旅行**
作者／酒雄

092 **開始在上海自助旅行**
作者／葉志輝

091 **開始到日本開車自助旅行**
作者／酒雄

089 **開始在泰國自助旅行**
作者／吳靜雯

087 **開始在釜山自助旅行**
作者／亞莎崎

079 **開始在越南自助旅行**
作者／吳靜雯

076 **開始在中國大陸自助旅行**
作者／徐德誠

075 **開始在北京自助旅行**
作者／沈正柔

060 **開始在香港自助旅行**
作者／古弘基

035 **開始在新加坡自助旅行**
作者／王之義

023 **開始在韓國自助旅行**
作者／陳芷萍・鄭明在

歐美地區

311 **開始在法國自助旅行**
作者／陳翠霏・謝珮琪

307 **開始在冰島自助旅行**
作者／林佩儀

306 **開始在普羅旺斯自助旅行**
作者／曾一純

302 **開始在瑞典自助旅行**
作者／潘錫鳳・陳羿廷

301 **開始在西班牙自助旅行**
作者／區國銓・李容菜

099 **開始在紐約自助旅行**
作者／艾瑞克

096 **開始在愛爾蘭自助旅行**
作者／陳琬蓉

090 **開始在加拿大自助旅行**
作者／沈正柔

086 **開始在北歐自助旅行**
作者／武蕾・攝影・盧奕男

085 **開始在挪威自助旅行**
作者／林庭如

083 **開始在希臘自助旅行**
作者／林少凡

082 **開始在歐洲自助旅行**
作者／蘇瑞銘・鄭明佳

072 **開始在瑞士自助旅行**
作者／蘇瑞銘

034 **開始在荷蘭自助旅行**
作者／陳奕伸

027 **開始在義大利自助旅行**
作者／吳靜雯

026 **開始在美國自助旅行**
作者／陳婉娜

025 **開始在德國自助旅行**
作者／林呈謙、時小梅

024 **開始在英國自助旅行**
作者／李芸德

紐澳地區

309 **開始在紐西蘭自助旅行**
作者／舞菇、老包、Jeff Chen

073 **開始在澳洲自助旅行**
作者／張念萱

So Easy 專家速成書系

亞洲地區

080 **遊韓國行程規劃指南**
作者／Helena(海蓮娜)

歐美地區

308 **開始到義大利購物&看藝術**
作者／吳靜雯

097 **開始搭海外郵輪自助旅行**
作者／胖胖長工

078 **指指點點玩美國**
作者／謝伯讓・高薏涵

077 **指指點點玩義大利**
作者／吳靜雯

074 **英國茶館小旅行**
作者／英倫老舖

071 **窮，才要去紐約學藝術**
作者／洪緹婕

069 **記住巴黎的甜滋味**
作者／林佳瑩

065 **荷蘭最美**
作者／楊若蘭

046 **開始到維也納看莫札特**
作者／王瑤琴

031 **開始遊法國喝葡萄酒**
作者／陳麗伶

波蘭深度之旅
華沙.克拉科夫.格但斯克.托倫.波茲南

世界主題之旅121

作　　者	小仙仔

總 編 輯	張芳玲
發想企劃	taiya 旅遊研究室
編輯部主任	張焙宜
企劃編輯	張芳玲、詹湘仔
主責編輯	詹湘仔
特約編輯	劉怡靜
封面設計	何仙玲
美術設計	何仙玲
地圖繪製	涂巧琳

太雅出版社
TEL：(02)2882-0755　FAX：(02)2882-1500
E-MAIL：taiya@morningstar.com.tw
郵政信箱：台北市郵政 53-1291 號信箱
太雅網址：http://taiya.morningstar.com.tw
購書網址：http://www.morningstar.com.tw
讀者專線：(04)2359-5819 分機 230

出 版 者	太雅出版有限公司
	台北市 11167 劍潭路 13 號 2 樓
	行政院新聞局局版台業字第五○○四號

總 經 銷	知己圖書股份有限公司
	106 台北市辛亥路一段 30 號 9 樓
	TEL：(02)2367-2044／2367-2047　FAX：(02)2363-5741
	407 台中市西屯區工業 30 路 1 號
	TEL：(04)2359-5819　FAX：(04)2359-5493
	E-mail：service@morningstar.com.tw
	網路書店 http://www.morningstar.com.tw

郵政劃撥	15060393(知己圖書股份有限公司)

法律顧問	陳思成律師

印　　刷	上好印刷股份有限公司 TEL：(04)2315-0280
裝　　訂	大和精緻製訂股份有限公司 TEL：(04)2311-0221

初　　版	西元2019年4月10日
定　　價	399 元

ISBN 978-986-336-303-3
Published by TAIYA Publishing Co.,Ltd.
Printed in Taiwan
(本書如有破損或缺頁，退換書請寄至：台中市工業30路1號 太雅出版倉儲部收)

國家圖書館出版品預行編目 (CIP) 資料

波蘭深度之旅：華沙.克拉科夫.格但
斯克.托倫.波茲南／小仙仔作. -- 初版.
-- 臺北市：太雅，2019.04
　面；　公分. -- (世界主題之旅；121)
ISBN 978-986-336-303-3(平裝)
1. 旅遊 2. 波蘭
744.49　　　　　　　　108001168

填線上回函，送 "好禮"

感謝你購買太雅旅遊書籍！填寫線上讀者回函，
好康多多，並可收到太雅電子報、新書及講座資訊。

好康
1

好康
2

每單數月抽10位，送珍藏版 「祝福徽章」

方法：掃QR Code，填寫線上讀者回函，
就有機會獲得珍藏版祝福徽章一份。

填修訂情報，就送精選 「好書一本」

方法：填寫線上讀者回函，並提供使用本書後的修
訂情報，經查證無誤，就送太雅精選好書一本(書
單詳見回函網站)。

* 同時享有「好康1」的抽獎機會

波蘭深度之旅

bit.ly/2BLZsYf

* 「好康1」及「好康2」的獲獎名單，我們會
於每單數月的10日公布於太雅部落格與太
雅愛看書粉絲團。

* 活動內容請依回函網站為準。太雅出版社保
留活動修改、變更、終止之權利。

太雅部落格 http://taiya.morningstar.com.tw

有行動力的旅行，從太雅出版社開始

太雅22週年慶

登錄發票，抽好禮，
首獎 CASIO 美肌運動防水相機

凡於 **2019.1.1-9.30** 期間購買太雅旅遊書籍（不限品項及數量）上網登錄發票，即可參加抽獎。

精緻好禮等你拿
登錄發票

CASIO美肌運動防水相機
（型號：EX-FR100L）

首獎 3名

普獎 100名

M Square旅用瓶罐組
（100ml*2＋50ml*2＋圓罐*2）

掃我進活動頁面

網址
taiya22.weebly.com

活動時間
2019/01/01～
2019/09/30

發票登入截止時間
2019/09/30
23:59

中獎名單公布日
2019/10/15

活動辦法

● 於活動期間內，購買太雅旅遊書籍（不限品項及數量），憑該筆購買發票至太雅22週年活動網頁，填寫個人真實資料，並將購買發票和購買明細拍照上傳，即可參加抽獎。

● 每張發票號碼限登錄乙次，即可獲得1次抽獎機會。

● 參與本抽獎之發票須為正本(不得為手開式發票)，且照片中的發票上須可清楚辨識購買之太雅旅遊書，確實符合本活動設定之活動期間內，方可參加。

　　*若電子發票存於載具，請務必於購買商品時告知店家印出紙本發票及明細，以便拍照上傳。

◎主辦單位擁有活動最終決定權，如有變更，將公布於活動網頁、太雅部落格及「太雅愛看書」粉絲專頁，恕不另行通知。